KB142576

이순신의 해전을 통해 본

프로젝트
성공 법칙

이순신의 해전을 통해 본 프로젝트 성공 법칙

(조선이 프로젝트 리더, 이순신의 멘토링 교과서)

[행복한 교과서®] 시리즈 No.12

지은이 | 김덕수·남재덕
발행인 | 홍종남

2011년 5월 7일 초 판 1판 1쇄 발행(옥포해전 해전일)
2011년 9월 16일 초 판 1판 2쇄 발행(명량해전 해전일)
2015년 2월 18일 개정판 1판 1쇄 발행(고금도 수군기지 창설일)

이 책을 만든 사람들
책임 기획 | 홍종남
북 디자인 | 김효정
교정 | 김상균·안종군
출판 마케팅 | 김경아

이 책을 함께 만든 사람들
종이 | 제이피씨 정동수
제작 및 인쇄 | 다오기획 김대식

{행복한출판그룹} 출판 서포터즈
김미라, 김미숙, 김수연, 김은진, 김현숙, 나은영, 박기복, 박민경, 박현숙, 송래은
오주영, 윤진희, 이승연, 이인경, 이혜승, 임혜영, 전진희, 정인숙, 조동림

펴낸곳 | 행복한미래
출판등록 | 2011년 4월 5일. 제 399-2011-000013호
주소 | 경기도 남양주시 도농로 34, 부영아파트 301동 301호
전화 | 02-337-8958   팩스 | 031-556-8951
홈페이지 | www.bookeditor.co.kr
도서 문의(출판사 e-mail) | ahasaram@hanmail.net
도서 내용 및 강연 문의(지은이 e-mail) | 김덕수 kdsjus@daum.net, 남재덕 jdnam33@naver.com
※ 이 책을 읽다가 궁금한 점이 있을 때는 지은이의 e-mail을 이용해주세요.

ⓒ 김덕수·남재덕, 2015
ISBN 979-11-950214-9-9
〈행복한미래〉 도서 번호 030

이순신의 해전을 통해 본

프로젝트
성공법칙

김덕수·남재덕 지음

행복한미래

이순신의 성공법칙을 다시 생각한다

2014년 7월 말, 영화 〈명량〉이 개봉되면서 1,800만 명의 관객을 동원하며 한국영화 역사를 다시 썼다. 대한민국 국민들은 왜, 이 영화의 마력에 빠져들었을까? 사실 이 영화는 이순신이 명량해전에서 승리하게 된 전술이 제대로 반영되지 못했다라는 아쉬움이 있다. 더구나, 영화의 본질 가운데 하나인 흥미를 극대화하기 위해 꾸며진 이야기도 있다. 그 중에서 배설이 이순신을 배반하고, 거북선에 불을 지르고 도망가는 장면과 1시간 동안 전개된 해상전(백병전), 일본 장수인 구루시마와 이순신이 판옥선 위에서 마지막 결투하는 장면 등은 실제 발생하지 않았던 사건들 이었다. 그럼에도 불구하고 작가의 상상력이 관객들의 흥미를 유발하는 데 성공했다라고 평가할 수 있다.

이 영화에서는 역사적인 사실과 다소 동떨어진 내용이 많았지만 일반 관객들은 이순신의 '완벽한 승리'에 더 열광하면서, 13척의 배로 133척을 물리친 '이순신 리더십'에 감탄하며 이순신을 성웅으로 다시 한번 깊이 각인 시켰다는 점은 높이 평가 할 만하다. 아무리 잘 만든 영화라도 시대적인 사건과 연계될 때 더 큰 반향을 불러일으키듯이, 이 영화가 개봉되기 3개월 전 진도에서 발생한 '세월호' 사건은 온 국민을 비통함과 무기력함으로 몰아넣었고 이 시기에 〈명량〉이 개봉되면서 국민들은 총체적 난국을 극복할 수 있는 탈출구로서 '이순신의 탁월한 리더십'에 흠뻑 빠져들었다고 할수 있다.

이 책의 초판인 [조선의 프로젝트 매니저 이순신을 만나다]는 충무공 탄신일인 4월 28일에 맞춰 출간하기로 기획하고, 1592년 첫 전투인 옥포해전이 치러진 5월 7일을 발행일로 하였다. 책을 출간한 지 3년이 되었고 전체 내용을 다시 한번 정리하면서 독자들이 원하는 형태로 책의 구성도 달리하여 보완하였다. 특히, 새롭게 추가된 프로젝트관리(PM) 이론을 반영하여 개정판을 출간하게 되었다. 영화 〈명량〉은 재미를 북돋기 위해 픽션의 내용이 포함되어 있지만, 이 책은 검증된 역사적인 사실을 최대한 충실히 반영하여 7년 동안 있었던 각각의 해전을 프로젝트로 보았다. 그리고, 프로젝트의 착수, 기획, 실행, 통제, 종료라는 5단계를 해전과 연계하여 프로젝트 성공법칙 5가지로 분류하고 그에 맞게 정리하였다.

1592년 첫 전투인 옥포해전을 프로젝트 착수 단계와 연결한 제 1법칙(성공한 프로젝트는 시작부터 다르다), 사천해전과 한산도해전을 프로젝트 기획 단계와 연결한 제 2법칙(프로젝트의 성공은 기획에서 결정된다), 1592년 마지막 전투인 부산포해전과 1597년 원균이 패전한 칠천량해전을 프로젝트 실행 단계와 연결한 제 3법칙(성공한 프로젝트와 실패한 프로젝트, 실행을 비교하라), 1597년 울돌목에서 치러진 명량해전을 프로젝트 감시 및 통제단계와 연결한 제 4법칙(위기의 프로젝트를 감시와 통제로 극복하라), 1598년 전쟁의 막바지에 이순신이 순국한 노량해전과 연결한 제 5법칙(프로젝트의 종료는 온몸으로 완수하라)으로 정리하였다. 이것을 통해 이순신을 '프로젝트 리더'로 재조명해보고자 하였다.

모는 공직자나 CEO, PM 능이 과업을 수행함에 있어 공과 사를 분명히 구별하고 공명정대하게 맡은 바 소임을 수행하는 데 근간이 될 윤리와 도덕에 기초한 이순신의 윤리실천을 〈스페셜 페이지〉에 추가하였다. 또한, 프로젝트관리에 대한 이론적인 지식이 부족한 독자를 위해 이 책의 끝 부분인 〈책속의 책〉에 최신 트랜드를 반영한 프로젝트 관리 이론 지식을 압축해서 넣었다.

모바일 시대를 살아가는 비즈니스 수행자들에게 프로젝트라는 것은 일상적인 업무의 연장이며, 회사가 성장하느냐 사라지느냐의 중요한 갈림길이이 된다. 이러한 과제를 수행함에 있어 이 책을 가까이에 두고 여기에 소개된 프로젝트 성공법칙을 응용할 수만 있다면, 독자들이 수행하는 모든 프로젝트를 충무공 이순신 처럼 성공적으로 수행할 수 있을 것으로 기대한다.

2015년 2월

충무공을 정신을 생각하며 김덕수, 남재덕

이순신과 나, 그리고 PM

나는 오랫동안 충무공 이순신 제독을 마음속 깊이 흠모해 왔다. 예비역 해군 제독인 내가 이순신 제독을 늘 마음에 그리고, 우러러 따른다고 하면 사람들은 "지극히 당연한 것 아니냐?"라는 반응을 보인다. 우리나라는 물론 전 세계 해전사상 그 유례가 없는 위대한 영웅 이순신을 해군 제독인 내가 그렇게 생각하는 것이 당연하다는 것이다. 맞는 말이다. 내가 어찌 그분을 존경하지 않을 수 있겠는가? 왜적의 침략으로 백척간두의 위기에 처한 나라를 구하기 위해 23번의 해전에 나가 모두 승리한 그분, 그리고 마지막 노량해전의 대승을 앞두고 마치 할 일을 다했다는 듯 홀연히 떠난 그분을 말이다. 하지만 누구나 아는 그런 이순신 말고도 나에게는 내 인생 여정의 중요한 고비마다 항상 등불을 밝혀준 멘토 같은 또 다른 이순신이 있다.

내가 생도로서 사관학교에 다닐 때 '충무공 이순신' 과목은 한 학기 동안 듣는 강의였다. 당시에는 오직 학점을 따는 데에만 정신이 팔려, 그분을 그냥 '왜적을 무찔러 나라를 구한 훌륭한 분', '열심히 일기를 썼던 분' 정도로만 생각했다. 장교로 임관하여 매년 두툼한 해군일지를 받게 되었는데, 나는 함장의 지시 사항을 기록할 때마다 충무공처럼 날짜와 기상 등 그날의 주요 사항을 짧게 기록하는 습관을 지니게 되었다. 말하자면 나만의 '난중일기'를 쓰고 있었던 것이다.

장교로서 장병들에게 정훈 교육을 할 때도 나는 늘 충무공 정신을 주제로 삼았으며, 특히 3군 사관학교 체육 대회에서 응원 담당 훈육관을 맡은 나는, 어떻게 하면 육·공군을 제압할 충무공 정신을 응원에서 구현할 것인지를 깊이 고민하였다. 결국 "필사즉생 필생즉사(必死則生 必生則死)"라는 이 짧은 말에 충무공 정신이 다 요약되어 있다는 결론을 내리고, 사관생도들에게 매스 게임으로 이 어려운 한자를 표현하도록 했다.

그후 제독이 되어 서해함대사령부가 될 평택해군기지 건설사업단장의 임무를 맡았는데, 통일 후 남북 해군이 하나가 될 수 있는 정신이 과연 무엇인지를 고심하게 되었다. 그러다 남과 북의 해군이 이질감을 극복하고 하나로 뭉칠 수 있는 구심점은 오직 충무공 정신밖에 없다는 것을 깨닫게 되었고, '충무동산'과 충무공 승리 해전을 시현한 '체력 단련장'을 기지 안에 건설했다.

이어서 214 잠수함사업단장의 임무를 맡게 되었는데, 당시 이 사업은 북방 외교와 관련한 문제뿐만 아니라 국내 대기업 간의 분쟁과 결부되어 사면초가의 상태에 놓여 있었다. 이런 문제 사업을 적극적으로 돌파하여 해결해내기 위해서는 나 자신은 물론 참모들의 정신을 다잡아 줄 강력한 지주가 절실히 필요하였다. 이때에도 역시 나는 난중일기 속에서 실마리를 찾아내었는데, 거북선 건조가 바로 그것이었다. '거북선을 상기하자!'라는 슬로건을 내걸고 이순신의 거북선 건조 과정을 되새기면서 나 자신과 참모들을 독려하곤 했다.

이순신의 해전과 프로젝트의 결합

나는 해군에서 크고 작은 사업을 진행할 때마다 무언가 체계적인 관리 도구가 있었으면 하는 바람을 갖고 있었다. 전역 후 본격적으로 사업 관리 분야를 연구하면서 거대 사업을 성공적으로 추진하는 데 필요한 적절한 툴을 찾던 중에 '프로젝트 관리' 이론을 접하게 되었다. PM은 많은 경영학자들이 수많은 대규모 사업 사례를 수집하고 그 성공과 실패의 요인을 분석한 후 프로젝트를 성공적으로 수행하기 위해 반드시 필요한 과정과 지식을 체계적으로 정리하여 만든 것이다. 나는 곧 그 이론의 매력에 흠뻑 빠져 박사 학위까지 갖게 되었고, PM 전문가 국제자격증까지 취득하게 되었다. 이 과정에서 나는 PM 이론과 충무공의 해전을 자연스럽게 비교하게 되었는데, 대학에서 PM 강의를 할 때마다 늘 이순신 제독의 해전과 비교하여 설명하곤 하였다.

충무공 정신을 전쟁에서의 업적으로만 다룬다면 우리는 많은 것을 놓치는 셈이 될 것이다. 23전 23승이라는 세계 최초, 최대의 프로젝트를 완벽하게 수행한 위대한 프로젝트 관리자가 바로 조선 사람 이순신이라는 것을 꼭 기억하고 큰 자부심을 느껴야 한다. 오늘날 과학적으로 개발된 가장 뛰어난 관리 도구인 PM의 핵심을 이미 420년 전에 적용하고 있었던 것이다. 그분의 위대함을 PM과 연계하여 과학적으로, 그리고 체계적으로 분석함으로써 충무공 정신의 본질이 무엇인지 설명 가능한 이론으로 정리하는 것, 그리고 또 역으로 그런 위대한 정신을 현대의 다양한 프로젝트 현실에 적용하여 정성적인 측면의 지주로서 적극 활용하는 것, 바로 이 2가지가 이 책을 공동 집필하면서 내가 소망했던 목표이다.

이 책을 함께 쓴 숭실대 남재덕 박사가 없었다면 해묵은 나의 구상이 이렇게 훌륭한 책으로 완성되기는 쉽지 않았을 것이다. 함께 작업하는 내내 탁월한 식견과 적절한 아이디어로 책이 항진하는 키를 올바르게 잡아주었을 뿐만 아니라 나와 환상적인 호흡을 이루어 그 오랜 시간의 회의와 공동 작업이 힘들고 지루하기는커녕 오히려 즐겁고 유쾌한 시간이 되게 해 주었으니 참으로 고맙기 그지없다.

그리고 원고를 보자마자 흔쾌히 출간을 결정하고 훌륭한 책으로 만들어 준 〈행복한미래〉 홍종남 대표에게 심심한 감사의 뜻을 전한다. 끝으로, 책을 출간하기에 이르기까지 꾸준히 기도와 내조를 아끼지 않았던 아내 강명희, 그리고 함께 놀아주지 못해 아쉬워했던 손녀 예인, 하은에게도 각별한 고마움을 전한다.

충무공 이순신 정신을 생각하며

행정학 박사, 예비역 해군 소장 김덕수 제독

프로젝트 매니지먼트와 이순신 해전

나는 LG그룹에서 약 25년간 근무하고, 지금은 대학 강단에서 후학 양성에 힘을 쏟고 있다. 1996년도에 미국 EDS의 프로젝트 관리라는 실무 지식을 처음 접하게 되었고, 체계적으로 프로젝트를 관리하는 것이 내 체질에 딱 들어맞는 것 같아 개인적으로 공부하던 중 글로벌 프로젝트 관리 표준을 알게 되었다. LG가 글로벌 사업을 전개하기 위해서는 글로벌 프로젝트 관리(PM) 자격증이 꼭 필요할 것 같아 경영층을 설득하여 1999년도 국내 최초로 글로벌 프로젝트 관리 자격증(Project Management Professional, PMP) 취득을 위한 합숙 교육 과정을 개설하였고, 나도 참가자겸 진행자로 교육과정에 참가하여 자격증을 취득하게 되었으며, 이후 지금까지 글로벌 프로젝트 관리자를 육성하는 교육의 강의를 하고 있다. 또 프로젝트 관리 분야를 학문적으로 발전시키기 위해 대학원에서 〈프로젝트 관리〉라는 주제로 박사 학위를 받았다.

내가 이순신 제독에게 관심을 갖게 된 것은 KBS에서 방영된 〈불멸의 이순신〉(2004. 9.~2005. 8.) 때문이다. 이 드라마를 시청한 이후에 이순신의 해전을 프로젝트 관리라는 관점에서 재해석해보면 의미가 있을 것이라는 생각을 하게 되었고, 가족 여행을 겸해 남해안의 이순신 해전지 몇 곳을 둘러보면서 가능성을 검토해 보았다. 이렇게 시작된 이순신에 대한 관심이 공동 저자인 김덕수 제독을 만나면서 이순신 연구에 대한 내용의 깊이가 더해지고, 책 출간까지 이어지게 되었다.

PM은 어려운 이론인가?

이 책을 의미있게 읽으려면 프로젝트관리(PM)에 대한 이론적인 지식이 있어야 한다. 그래서 PM에 대한 이론적인 토대를 갖출 수 있도록 책 뒷 부분에 핵심 위주로 간략하게 '책속의 책'으로 정리하였다. PM에 대한 이론적인 틀은 미국의 글로벌 프로젝트 관리 표준을 참조하였으며, 이론적인 기반이 미흡하다고 생각하는 분들을 위해 가능한 쉽게 쓰려고 노력했다. PM이라는 것이 서구에서 발전되어 온 실무 지식이고, 한국적인 정서에 맞지 않다고 생각할 수도 있지만, 오늘날 글로벌 경쟁에서 살아남기 위해서는 오히려 이러한 이론적인 토대를 좀 더 공고히 해야 한다. 이 책은 PM에 대한 기본적인 이론만을 다루고 있으므로 좀 더 깊게 연구하고 싶은 분들은 다른 서적을 참조하기 바란다.

이순신 해전을 PM에 접목시킬 수 있는가?

이순신 제독의 해전수, 해전의 전과와 피해 상황, 이순신의 죽음에 관한 논쟁, 명량해전과 관련된 논쟁 등에 대한 부분은 사학자들이 밝혀야 할 몫이라고 생각한다. 이 책에서는 기존에 저술된 문헌을 참조하여 PM이라는 관점에서 재해석해보려고 하였다. 이러한 이유로 이순신의 6개 해전(옥포, 사천, 부산포, 한산도, 명량, 노량), 원균의 칠천량해전을 분석하고 비교해보았다. 해전을 이해하기 위해 해전도를 넣었고, 해전의 경과, 전과 및 피해도 정리하였다. 또 해전을 PM 관점으로 분석하기 위해 프로젝트 라이프 사이클을 다섯 단계로 정리하고, 다시 이를 착수, 기획과 실행, 통제와 종료의 세 부분으로 구분하였다. 그리고 각 해전의 마지막 부분에는 이순신에게 배우는 PM 교훈을 정리하였다.

정말 고마운 분들

이 책은 많은 분들의 도움을 바탕으로 출간되었다. 먼저, 공동 저자로서 평소 이순신 제독에 대한 많은 연구를 하셨고, 공동 연구를 시작하면서 많은 가르침을 주신 김덕수 제독께 먼저 감사를 드리고 싶다. 김 제독은 이순신 매니아로서 탁월한 식견과 이순신 정신을 평소에도 실천하는 분이다. 아울러 이순신과 관련된 책을 여러 권 출간하여 이 분야에서 전문성을 갖고 있는 〈행복한미래〉의 홍종남 대표님과 출판사 관계자 여러분께도 감사의 말씀을 전한다. 또 7년간 꾸준하게 책 집필을 응원해 준 아내 김정현, 아들 지호, 딸 지윤, 그리고 친지분들께도 고마운 마음을 전한다.

이 책이 이순신 연구에 대한 새로운 관점을 제공했다는 점에서 의미를 둘 수 있지만, 이런 시도가 독자 제현들께는 좀 낯설 수도 있을 것이라는 생각이 든다. 하지만 이러한 작은 노력들이 모여 이순신 제독을 전쟁의 영웅으로만 해석하지 않고, 프로젝트 매니저로서의 탁월성을 재조명해보는 계기가 되었으면 하는 바람이다. 독자 여러분들의 많은 질타와 조언을 기대한다.

충무공 이순신 정신을 생각하며

경영학 박사, 정보처리기술사, PMP 남재덕

1부   제1법칙_성공한 프로젝트는 시작부터 다르다

2부   제2법칙_프로젝트의 성공은 기획에서 결정된다

1장. 거북선 첫 출전, 사천해전 62

4부   제4법칙_위기의 프로젝트를 감시와 통제로 극복하라

1부

성공한 프로젝트는 시작부터 다르다

이순신의 첫 번째 해전, 옥포해전

1

옥포해전은 임진왜란이 일어난 해인 1592년에 이순신이 출전한 첫 해전(5월 4일~9일)이다. 이 해전의 무대는 현 대우조선소와 옥포여객터미널이 자리하고 있는 거제도 동쪽 해변이다. 지금 생각해보면 이곳에서 그토록 격렬한 전투가 벌어졌다는 것을 상상하기조차 어렵지만, 당시의 상황을 떠올려보면 일본 수군이 정박하기 좋은 항구였을 것이라는 점은 어느 정도 짐작할 수 있다.

프로젝트는 착수, 기획, 실행, 통제, 종료의 5단계에 걸쳐 진행된다. 그 첫 단계가 착수 프로세스 그룹이다. 우리는 많은 고심 끝에 임진왜란 시 이순신의 첫 해전인 옥포해전을 착수 단계의 모델로 연구하기로 했다. 물론 이순신이 7년이나 이어진 전쟁의 프로젝트를 미리 예측한 상태에서 관리를 했다는 뜻은 아니다. 다만 총 23번이나 치러진 해전의 시작이었다는 의미에서 프로젝트 관리의 명장 이순신이 7년에 걸친 일련의 해전들에서 둔 '첫 수'의 의미는 결코 작지 않다고 보기 때문이다.

자, 이제 이순신의 해전을 본격적으로 연구해보기로 하자! 이순신 해전의 연구는 먼저 해전도를 중심으로 전체 이동 경로를 살펴보고, 날짜 순서대로 전쟁의 경과를 정리해본 후, 마지막으로 해전의 결과와 교훈을 가능하면 짧게 정리할 것이다. 이 과정을 마치고 나면 여러분들은 "이순신 제독이 왜 프로젝트 관리의 명장인가?"라는 물음에 대한 답을 얻게 될 것이다.

해전도

1592년 5월 이순신 함대는 임진왜란 최초의 해전을 위해 출전하였다(그림 1-1). 적이 어디에서 어떻게 공격해 올지 알 수 없었으므로 전라좌수영인 여수를 출발하여 남해안을 샅샅이 수색하면서 나아갔고, 혹시 있을지도 모를 적의 기습에 대비하여 견내량을 통과하지 않고 거제도 바깥 바다로 돌아가기로 결정했다.

거제도 갈곶리(해금강 지역)를 거쳐 북쪽으로 항해하던 중 옥포항에 정박해 있는 적들을 발견한 이순신은 즉시 이들을 공격하여 1차전(옥포해전)을 승리로 이끌고, 거제도 북쪽의 합포(창원시 진해구 원포동 합포)에서 벌어진 2차전과 거제도의 서쪽에 위치한 적진포(고성군 동해면 내산리 전도마을 적포)에서 벌어진 3차전에 승리한 후 한산도를 거쳐 좌수영인 여수로 귀항한다.

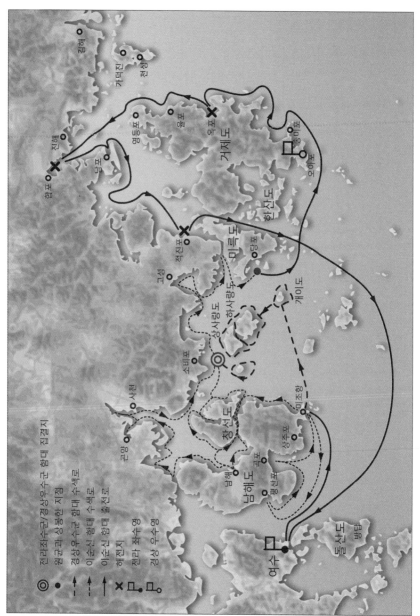

그림 1-1 **이순신 함대의 1차 출전도(옥포, 합포, 적진포해전 : 1592. 5. 4~5. 9.)**

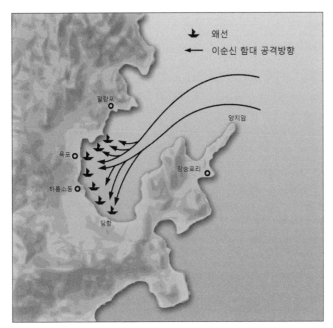

그림 1-2 **옥포해전도**(1592. 5. 7.)

옥포해전은 [그림 1-2]와 같이 거제도 남단에서 북단으로 이동하던 중에 적들을 발견하여 전투를 수행하였으며, 신속하게 일본군을 습격하여 전쟁을 승리로 이끌었다.

경과(1592년_음력)

4월 13일

쓰시마 섬에서 출발한 일본군의 700여 전선이 밀려들었다.

4월 16일

이순신은 경상우수사 원균과 경상좌수사 박홍으로부터 "일본 수군이 부산 앞바다까지 침입하였다"라는 내용의 공문을 받았다.

4월 16일

이순신은 "부산진이 이미 함락되었다"는 경상우수사 원균의 공문을 받고 통분해 마지않았다.

4월 17일

이순신은 다시 경상초유사 김성일로부터 "왜적이 부산을 함락시킨 뒤에 그대로 머물면서 물러가지 않는다"라는 공문을 받았다.

4월 18일

이순신은 "동래가 함락되었고, 양산에서도 패했다"라는 경상우수사 원균의 공문을 받고 다시 통분을 금치 못했다.

4월 20일

경상관찰사 김수는 "4월 18일 원균에게 바다로 나가 적선의 침범을 막으라고 명했기 때문에 경상우도의 여러 진들이 다 비었습니다. 만일 경상우도에 변고가 생기면 이순신에게 경상우수군을 도우라는 명령을 내려주십시오"라는 장계를 선조에게 올렸다. 또 그는 이순신에게 이와 같은 사실을 알리고 조정의 명령을 기다리라는 공문을 보냈다.

4월 26일

이순신은 좌부승지 민준을 통해 "신중을 기하되 때를 놓치지 말라"는 내용의 서장을 받고, 경상우수사 원균에게 "아래의 사항을 급히 회답해 달라"고 통고하였다.

일. 경상우도의 물길 사정은 어떠한가?

이. 두 도의 수군이 어디에서 만나야 하는가?

삼. 적선은 어느 곳에, 몇 척이 정박해 있는가?

사. 그 밖에 우리가 알아야 할 정보는 무엇인가?

4월 27일

새벽 4시, 이순신은 조정으로부터 "경상우도로 출전하여 원균과 함께 왜적을 쳐부수라"는 명령(23일자 발령)을 받았다. 이순신은 곧 전라좌수영 관·포의 전선을 좌수영 앞바다에 집결하라고 지시하였다.

4월 29일

원균으로부터 아래와 같은 내용의 회신 공문이 이순신에게 도착하였다.

일. 적선은 500여 척이다.

이. 적선이 정박하고 있는 곳은 부산, 김해, 양산, 명지도 등이다.

삼. 경상우수군이 적선 10여 척을 쳐부수었다.

사. 적은 많고 아군은 적어 경상우수영이 함락되었다.

오. 모든 전선과 군사를 이끌고 당포에서 만나자.

이순신은 상황이 급박함을 인식하고 출전일을 4월 30일 오전 4시로 결정한 후 기동함대를 편성하였다. 오후 2시에 본영의 진무(당시의 군사 실무 담당관)인 이언호가 "남해읍성 안의 모든 관청, 민가가 텅 비었고, 첨사(첨절제사, 조선시대 각 진영에 둔 종3품 무관벼슬)가 도망갔으며, 무기고도 비어 있다"고 보고하였다. 이에 이순신은 군관 송한련을 다시 남해도로 보내어 군정을 살피도록 조치하였다. 한편 "적이 전라좌수영으로 접근하고 있다"는 뜬소문을 듣고 도망병이 발생하자, 즉각 2명을 붙잡아 참수, 효시하여 군기를 확립하였다.

전라도 관찰사 이광이 "전라우수사 이억기가 4월 30일 우수영을 출항한다"는 공문을 이순신에게 보내왔다. 이는 전라도 관찰사 이광이 전라우수군에게 경상도로 출전하는 전라좌수군을 지원하라고 명령했기 때문이다. 이에 따라 이순신은 출전일을 이억기 함대가 도착하는 5월 1일로 연기하였다.

이순신은 출전 점검과 동시에 진해루에서 참모들과 작전 계획을 논의하였고, 새벽에 영진무인 이언호를 전라좌수영과 인접해 있는 남해도의 남해현령 기효근에게 보내, "미조항첨사, 곡포·상주포만호와 평산포권관 등을 지휘, 인솔하여 4월 30일 미조항에서 대기하였다가 합류하라"는 공문을 전달하였다. 일본 수군의 전선이 500여 척의 거대 함대였기 때문에 남해도의 수군도 합류하여 수로 안내와 경계 임무를 수행할 것을 요청한 것이었다.

5월 1일
전라도 수군이 모두 여수 앞바다에 모였다.

5월 2일
남해도로 보낸 송한련이 돌아와 "남해현령 기효근을 비롯한 첨사 모두가 수군을 해산시키고 도망하였고, 군기물도 모두 흩어져 버렸다"라고 보고하였다.

5월 3일
이순신은 광양현감 어영담(중부장), 흥양현감 배흥립(전부장)과 작전 회의를 개최하고 어영담에게 물길 인도의 임무를 맡겼다. 이때 녹도만호 정운이 "한양이 함락 직전이므로 이억기 함대를 무턱대고 기다리다가 기회를 놓칠 수 있다"고 하자 그 의견을 존중하여 그날로 전 수군에게 배를 타라고 명령하였다.

5월 4일

이순신은 여러 장수들과 판옥선 24척, 협선 15척 등 총 85척을 거느리고 전라좌수영 여수를 출발하여 남해도, 개이도, 사량도, 창신도, 사천 일대의 해안과 도서를 철저히 수색하면서 동진하였고, 경상우도의 소비포(고성군 하일면 춘암리) 앞바다에 도착하여 진을 치고 밤을 지샜다.

5월 5일

새벽에 출발하여 고성 연해안과 미륵도(통영도) 서쪽 해안 일대를 수색하였다. 낮 12시 당포 앞바다에 도착하였으나 원균이 약속한 장소에 나타나지 않자 사방으로 연락선을 보내어 종일토록 원균 함대를 찾았다.

5월 6일

8시경 원균이 판옥선 4척, 협선 2척의 함대를 이끌고 도착하였다. 이로써 전라좌도와 경상우도 통합함대의 함선은 전선 28척과 협선 17척이 되었다. 장수들과 작전 회의를 거듭한 후, 이날 오후 당포를 출발하여 내해(견내량) 수로와 거제도 남단을 통한 외해 항로 중에서 후자로 방향을 정하고 날이 어두워진 후 거제도 남단 송미도 앞바다에 정박하였다.

5월 7일

이순신은 새벽에 함대를 출항하여 일본 전선이 있다는 가덕도 방향으로 항해하다가 낮 12시경 척후선에서 발사한 신기전(신호탄)으로 일본군이 옥포만에 있음을 알았다. 이순신은 전 함대에 "망령되게 함부로 움직이지 말고 태산처럼 무겁게 행동하라(勿令妄動 靜重如山)"고 전령한 후 전투 대형을 형성하여 옥포만으로 진격하니 일본 수군 50척이 옥포만 일대에 상륙하여 약탈을 자행하고 있었다. 이에 이순신은 함대를 포사격 거리까지 진격시키고, 일자진을 펼쳐 28척이 일렬횡대로 늘어서게 하였다. 뒤늦게 이순신 함대를 본 일본 수군은 허겁지겁 전투 태세를 갖추고 조선 수군을 향해 진격해 오기 시작하였다. 일본 수군이 뱃전에 늘어서 조선 수군에게 조총 사격을 가하자, 그 소리에 놀란 조선 수군은 몸을 움츠렸으며 총탄이 날아오기도 전에 전열이 무너지기 시작하였다.

이때 이순신은 "두려워 마라. 적의 조총은 우리에게 미치지 못한다. 천자총통을 준비하라!"며 사전에 계획한 대로 원거리 함포로 사격할 것을 명령하였다. 조선 수군이 보유한 총통 중 가장 큰 천자총통에 대장군전(무게 200kg 이상, 길이 270cm 이상, 약 900보 정도 날아감)을 장전하여 발포하였다. 대장군전이 떨어진 일본 전선에는 그대로 구멍이 뚫렸고, 그 틈으로 바닷물이 치솟자 일본군이 혼비백산하여 흩어지기 시작하였다. 일본 전선은 겨우 6척만이 해안을 끼고 필사적으로 탈출하였고, 옥포만은 불타는 적선과 물에 빠진 일본군 시체로 가득하였다.

2

옥포해전의 전과 및 성공 포인트 분석

옥포해전에서 조선 수군의 전과와 아군의 피해를 정리해보고, 이순신 제독이 승리할 수밖에 없었던 성공 포인트를 분석해보자.

전과 및 피해

- 전과 : 적선 26척을 격침(대선 13척, 중선 6척, 소선 2척 등), 적군 약 4,000명 전사
- 아군의 피해 : 전선 피해 없음, 경상 1명

성공 포인트 분석

첫째, 20일간의 준비 기간 동안 일본군을 철저하게 연구했다.

공식적인 출전 명령을 기다리는 동안 이순신은 육전 상황을 중심으로 일본군 전력을 세밀히 탐색하였으며, 일본은 주로 등선접근전술

(적의 배에 올라타서 육박전으로 상대를 제압하는 전술)을 구사하는 것으로 파악하였다. 이순신은 해전에서 일본군이 사용하는 무기 체계, 전함의 형태, 구조 등과 같은 전력을 탐색하고 강·약점을 분석하였으며, 그 결과 일본 수군의 무기 체계가 최첨단 무기인 '조총(유효사거리 100보 내외, 인명 살상용)'과 '일본도'라는 것을 알고, 이에 대한 대책을 수립하였다.

일본군을 철저히 분석한 결과에 근거하여 접근전을 피하고, 수급(적의 목을 베는 행위) 금지하며, 인명 살상보다는 적선 격파를 위주로 공격을 하고, 총통(유효사거리 500보 내외, 전선 파괴 위력 있음)을 이용하여 원거리 포 사격을 한다는 등의 전술을 개발하였다.

둘째, 용의주도한 수색 작전을 펼쳤다.

좌수영이 습격당할 가능성에 대비하여 몇 척을 남겨 두고, 이동 중 이순신 함대를 배후에서 기습할 가능성을 제거하기 위해 이동로 전방으로 철저한 수색 작전을 전개하면서 항진하였다.

셋째, "물령망동 정중여산"으로 군기를 세웠다.

이 명령은 자신감에 차 있는 준엄한 명령이었다. 즉, "모든 준비를 다 갖추었으므로, 명령에 따르기만 하면 승리는 우리의 것이다"라는 뜻을 담고 있었으며, 최고 지휘관의 자신감이 담긴 간략한 군령을 통해 전 병사들의 마음을 다스렸다.

옥포해전에서는 프로젝트 착수를 어떻게 했을까? (1)
: 프로젝트 헌장 개발

옥포해전은 이순신 제독의 첫 번째 해전이기 때문에 프로젝트 관리 5단계 중 첫 번째 단계인 프로젝트 착수에서 연구 대상 해전으로 삼았다는 것은 이미 앞에서 언급하였다. 옥포해전은 다른 해전보다 좀 더 깊게 다루었기 때문에 프로젝트 착수에서 수행하는 '프로젝트 헌장 개발'과 '이해관계자 식별'을 자세하게 설명하였다.

먼저 프로젝트 헌장 개발을 이번 절에서 살펴보자. 프로젝트 헌장은 프로젝트를 공식적으로 승인하는 문서로, 임진년의 급박한 전쟁 상황에서 프로젝트를 공식적으로 승인한 것은 선조의 출정 명령서라고 할 수 있다. 출정 명령서에는 옥포해전이라는 목표가 명확하게 기술된 것이 아니라 그저 나가 싸우라는 것이었으며, 옥포해전은 이순신 함대의 이동로상에서 첫 번째로 일본 수군과 접전한 해전이라고 할 수 있다.

이순신이 선조로부터 하달된 출정 명령서의 내용은 다음과 같다. "왜구가 이미 부산과 동래를 함락하고 밀양에 들어갔는데, 지금 경상우수사 원균의 장계를 보면 그는 각 포의 수군을 거느리고 바다로 나아가 병위를 과시하여 적을 덮칠 계획을 하고 있다고 하므로, 이때야말로 적을 격멸할 큰 기회이니 불가불 원균의 뒤를 따르라. 네가 원균과 합세하여 적선을 공격하여 쳐부수면 적이 평정되지 않겠느냐. 그러므로 선전관을 보내어 이르는 것이니, 너는 각 포의 병선을 거느리고 급히 출전하여 그 기회를 놓치지 말라. 그러나 천리 밖의 일이니 혹시 뜻밖의 일이 일어났을 때에는 이 명령에 구애받지 말라" **1**

프로젝트 헌장을 제대로 만들려면 과거 프로젝트 수행에서 얻은 지식과 경험을 모아 놓은 자료들이 '조직의 자산'으로 관리되어 있어야 하고, 프로젝트와 관련된 '환경 요인'들이 철저하게 분석되어 있어야 한다. 이순신도 임진왜란 발생 1년 전부터 과거 선조들이 수행한 해전을 분석해보고, 조선 수군의 장점과 일본 수군의 단점을 분석하는 작업을 수행하였다. 옥포해전 시작 전에 이순신이 수행한 사전 준비 사항과 임진왜란 발발과 동시에 수행한 사항들을 살펴보면 다음과 같다.

선조들의 전쟁 역사를 연구하였다. 먼저 조선 역대 왕들이 수군 육성을 위해 어떤 노력을 기울였는지를 살펴보자.

태종(太宗, 1367~1422년, 재위 1400~1418년)은 수군 체제를 정비했다. 군선 613척을 보유하고, 최초로 거북선의 시험선을 건조하여 한강에서 시험했다.

세종(世宗, 1397~1450년, 재위 1418~1450년)은 대마도를 정벌하고, 군선을 800척까지 확대 보유하도록 하였으며, 수군 병력을 5만 명으로 육성, 전국 72개 연안을 조직화했다.

성종(成宗, 1457~1494년. 재위 1469~1494년)은 대·중·소 맹선으로 함선을 체계화하였으며, 수군을 약 5만 명선으로 유지하였다.

위의 내용들은 보면 왕들이 국가적인 관점에서 수군에 대한 관심을 갖게 되면서 수군력 증강, 선박 건조, 화기 개편, 염초 개발 등의 활동이 강화되었음을 알 수 있다. 또 북쪽의 오랑캐와 남쪽의 왜구들이 일으킨 지속적인 도발은 당시 조선으로 하여금 다양한 실전 경험을 쌓게 만들었다.

병력 운용 제도의 변화를 십분 활용하였다. 조선의 '진관법'은 전쟁 발발 시 소규모 지역에서 독자적으로 방어력을 갖추어 대응하는 것을 말하는데, 을묘왜변(1555년)을 통해 대규모 침략군에게는 적절하지 않다는 것이 드러났다.

'제승방략제'는 전쟁이 발생하면 특정 지역의 병사들을 모두 모아 조정에서 파견한 선전관이 지휘하여 전쟁을 수행하는 것을 말하는데, 이순신은 제승방략제의 이러한 이점을 최대한 활용하여 좌수사로서 포의 진과 현, 군까지 전체를 관할, 조기에 대규모 병사를 규합하여 출전할 수 있었다.

이순신은 프로젝트 매니저

임진왜란 발생 1년 전인 1591년에 이순신을 전라좌수사로 임명한 것은 일본군의 침략에 대비하기 위한 현명한 판단이었다. 임진왜란이 발발함과 동시에 부산진과 경상우수영이 함락되자 자연스럽게 전라좌수사인 이순신이 일본군을 격퇴할 중책을 맡게 되었다. 이순신이 프로젝트 매니저로 임명된 것이다. 이순신과 더불어 전라우수사 이억기도 1591년에 임명되었으며, 1592년에 경상좌수사 박홍, 경상우수사 원균도 동급인 수사로 임명되었다.

임진왜란 전 준비 상황(프로젝트 착수 전 준비)

임진왜란 발발 전에 이순신이 수행한 준비 사항은 여러 가지 관점에서 살펴보아야 한다.

첫째, 일본군이 자주 침입하는 곳의 방어 태세를 정비하였다. 이순신은 수사로 부임하자 수영 앞에 일본군의 침입을 막기 위한 수중 장애물(철쇄)을 설치했다는 주장이 있지만 아직까지 확인된 바는 없다. 철쇄가 설치된 장소는 수영성에서 동쪽으로 약 2km 지점인 소포와 그 건너편인 돌산도 북단 사이였으며, 그 거리는 약 200m였던 것으로 보인다. 〈난중일기〉에도 철쇄 설치 작업을 수행한 내용이 포함되어 있다.[2] 이순신이 무슬목에 수중 철쇄와 통나무 수중 장애물을 가로로 길게 설치한 것은 이미 82년 전에 삼포왜변을 평정한 조선 전기의 문관 유순정이 설치한 것에서 아이디어를 얻어 이를 더욱 발전시킨 것으로, 이순신이 왜구의 방어를 위해 얼마나 많은 연구를 했는지 알 수 있다.

둘째, 이순신은 전쟁 준비와 관련된 정보를 적절하게 활용하였다. 이순신은 1587년 정해왜변 때 일본군의 포로가 되어 일본으로 잡혀갔다가 돌아온 공태원, 김개동, 이언세 등으로부터 일본군의 실상을 빈틈없이 파악하였다.

셋째, 일본군과 비교할 수 없는 수준의 무기인 거북선을 개발하였다. 이순신이 임진왜란이 일어나기 바로 전날인 1592년 4월 12일까지 거북선을 돌격선으로 보강하였으며, 이 배에 장치한 화포의 시범 사격도 이날 모두 끝마쳤다.[3] 이 거북선은 1415년(태종 15년)에 탁신이 건의한 거북선과 대동소이했다.

넷째, 조선 수군의 군기를 바로잡고, 병사들의 사기를 높였다. 이순신은 경오·을묘왜변 등에 대한 전사를 깊이 연구하였으며, 군기를 바로잡기 위한 활동을 지속적으로 전개했다. 먼저, 본영의 무기고를 검사하여 손질 상태나 활의 줄 상태를 점검하였고, 녹슬거나 파손된 것을 수리하였다. 또 법에 규정된 군사력을 확보 및 유지하기 위해 비상한 노력을 기울였으며, 특히 처음 입대하는 군인들이 제대로 입대하는지를 직접 확인했고, 근무 기간이 끝난 군인은 틀림없이 귀가시킴으로써 군 인사 행정상의 부정을 뿌리 뽑았다.

다섯째, 이순신은 리더가 솔선수범해야 부하들이 따른다는 것을 잘 알고 있었으며, 이를 몸소 실천하였다. 당시 조선 수군의 개인 무기는 활이었는데, 이순신 스스로 활쏘기를 솔선수범하였고, 이를 장려하기 위해 임진년 1월 1일부터 4월 17일까지 약 3개월간 30회의 활쏘기 대회를 개최하였다. 또 임진년 2월 19일부터 27일까지 여도, 녹도, 발포, 사도, 방답 등의 예하 5포의 전쟁 준비가 완료되었는지의 여부를 직접 검열하였다. 5포 중에서 방비 상황이 가장 나쁜 사도(첨사는 김완)의 군관과 아전들에게 곤장을 때리고 첨사를 잡아들여 훈계를 했으며, 교수[유생(儒生)의 교육을 담당하던 관리]는 내쫓았다.[4]

마지막으로 이순신은 군사 분야에 관한 당대 최고의 지식을 습득하였다. 류성룡은 왕의 특명으로 전술을 연구하여 〈증손전수방략책〉이라는 책을 썼는데, 이 책을 왕에게 바치기 전에 사본을 만들어 이순신에게 먼저 보냈다. 이순신은 해전과 육전은 물론 화전(불로 공격하는 전술) 등에 관한 것을 낱낱이 설명하고 있는 이 책을 보고 '이제까지 볼 수 없었던 뛰어난 저술'이라면서 칭찬을 아끼지 않았고, 이를 해전에 적극 활용하였다.[5]

임진왜란 발생 후 출전 준비 상황(프로젝트 착수 시)

임진왜란이 발발한 후 이순신이 수행한 업적을 병력 모집, 병기 점검, 함대 집결 지시, 정찰 활동 강화 등으로 나누어 살펴보면 다음과 같다.

먼저, 출전이 결정된 후 군사를 모집하는 활동이 탁월했다. 4월 27일 오전 4시 조정으로부터 경상도로 출전하라는 명령을 받은 이순신은 관·포의 전선을 4월 29일까지 좌수영 앞바다에 집결시켰다. 불과 2일만에 출전 준비를 완료할 수 있었던 것이다.

이순신은 출전에 앞서 정찰 활동을 강화했다. 먼저, 경상도 지역에 대한 정보가 부족하여 조정의 출전 명령서를 받은 즉시 경상우수사 원균에게 질의 공문을 보냈고, 이에 5가지 답변을 통보받았다.[6] 또 4월 29일 새벽에 영진무인 이언호를 남해도 현령(기효근)에게 보내어 남해도의 남단 미조항에서 만나 남해의 수로를 안내해줄 것을 요청하였으며, 빈번하게 발생하는 도망병에 대한 엄정한 처벌(2명 참수)을 수행하였다.

일본의 침략 준비 상황(환경 요인 분석)

토요토미 히데요시는 일본 전국시대를 통일한 후에 각 지방 영주들의 힘을 외부로 표출시키기 위해 명나라 정벌을 제안하였다. 그는 조선에 사신을 보내 명을 치러갈 길을 내달라고 요청하였는데, 이를 거절당하자 조선을 먼저 정벌할 계획을 세웠다. 일본 수군은 전통적으로 칼을 사용하고, 백병전에 강하며, 해전에서는 적의 배에 올라가서 적을 살상하는 전술을 구사하였다. 또 일본 수군은 소규모였으며, 탈취를 위한 해적 경험을 가지고 있었고, 배는 주로 사람을 실어 나르는 수송선의 역할만을 담당하였다.

토요토미 히데요시는 전쟁을 개시하면서 수군에게 육군을 조선에 상륙시키면 바로 돌아오도록 명령하였다. 왜냐하면 일본은 신식 무기인 조총으로 무장하였으므로 굳이 바다에서 싸우지 않더라도 육전에서 승리할 수 있다는 자신감이 있었기 때문이다. 또 임진왜란 때 가장 많이 활용된 일본의 쾌속선인 '세키부네'는 조선의 판옥선과 비교하면 크기가 작고 높이가 낮았으며, 지휘선인 '아다케'는 판옥선 정도의 크기로서 2~3층 누각을 만들어서 지휘관이 지휘하였으므로 전쟁 시 조선 수군의 주요 공격 목표가 되었다. 조선의 판옥선은 전통적인 한선 구조로, 두터운 상장을 설치하여 배 전체가 튼튼한 반면, 일본군선은 예로부터 얇은 삼나무 판자를 사용하여 강도가 약했다. 더욱이 세키부네는 속도를 내야 했기 때문에 판이 더 얇았다.

일본의 주요 핵심 무기인 조총은 1543년 포르투갈 상인에 의해 일본에 처음 전래된 후, 일본 전국시대 전투에서 활용되면서 다양한 전략과 전술이 개발되었다. 조총의 살상 유효사거리는 50m, 유효사거리 200m, 최대거리는 500m였다.

4

옥포해전에서는 프로젝트 착수를 어떻게 했을까? (2)
: 이해관계자 식별

프로젝트 착수 단계에서 수행하는 주요한 활동 중에서 '프로젝트 헌장 개발'은 앞 절에서 설명하였으므로, 여기서는 '이해관계자 식별'에 대한 소개를 하려고 한다. 실제 프로젝트에서는 프로젝트 이해관계자에 대한 정보를 정확하게 파악하여 이해관계자 등록부에 기록하고 지속적으로 관리하게 된다. 먼저, 옥포해전에서 이해관계자가 누구인지를 생각해보자. 제일 중요한 사람은 당연히 이순신이고, 이순신을 도와 옥포해전을 승리로 이끈 전라우수영의 이억기, 전라좌수영의 주요 장수와 병사들이 프로젝트의 핵심 인물들이다. 전라도 관찰사 이광은 직속 상사로서 프로젝트 추진에 대한 의사결정을 지원하기 때문에 상급관리자로 분류되며, 최종 의사결정은 선조가 하기 때문에 임금이 프로젝트의 스폰서라고 할 수 있다. 또 선조의 측근인 3정승도 주요한 의사결정에 관여하므로 이해관계자에 포함되고, 특히 좌의정인 류성룡은 이순신을 전라좌수사로 천거한 인물로 이순신의 멘토 역할을 수행하였다. 그리고 임진왜란을 일으킨 장본인인 토요토미 히데요시도 주요한 이해관계자라고 보아야 하며, 이순신의 뒤를 이어 삼도수군통제사가 되었다가 칠천량해전에서 조선 수군을 전멸하게 만든 원균도 주요한 이해관계자라고 할 수 있다. 주요한 이해관계자들에 대한 이해를 높이기 위해 간략하게 약력을 정리해보면 다음과 같다.

이순신 제독

임진왜란 7년 전쟁 종식이라는 과업을 수행하는 프로젝트의 매니저인 이순신(李舜臣)은 1545년 인종 원년 3월 8일 밤 12시경에 서울 건천동(乾川洞, 현재 인현동)에서 부친 덕수 이(李)씨 정(貞), 모친 초계 변(卞)씨의 셋째 아들로 태어났다. 이순신의 증조부인 이거는 성종대에 홍문관 박사(정7품)를 거쳐 병조 참의, 이조 정랑을 지냈고, 장령(정4품)으로 재직한 적도 있었다. 조부인 백록은 생원 출신이었고, 부친 이정은 벼슬을 하지 않았다고 류성룡은 징비록에서 밝히고 있다.

그는 1565년(21세)에 상주 방 씨와 결혼한 후, 1566년(22세) 늦은 나이에 무과 시험을 준비하였고, 1567년(23세)에 첫 아들 회를 얻게 된다. 1572년(28세)에 낙마 사고로 무과 시험에 낙방하고, 4년 후인 1576년(32세) 2월에 식년무과에 합격한 후, 동년 12월에 함경도 백두산 밑에 있는 동구비보 권관(董仇非堡 權管, 종9품)으로 보임되어 여진족 방어의 임무를 맡았다. 2년간의 임기를 마친 후 1579년(34세) 2월에 훈련원 봉사(訓練院 奉事, 종8품)로 승진했고, 병조 정랑 서익(徐益)의 불공정한 인사 처리에 반기를 들었다가 충청병사 군관으로 좌천되었다.

군관으로 20개월 근무한 후 1580년(35세) 7월에 전라좌수군 관하의 발포만호(鉢浦萬戶, 종4품)로 발령을 받아 부임하였는데, 전라좌수사 이용이 조정에 허위 보고를 하고, 조정으로부터 불시에 검열을 나온 군기 검열관이 허위로 보고하는 바람에 1582년(37세) 1월에 파면되고 말았다. 발포 만호에서 파면된 지 4개월 후인 5월에 훈련원 봉사로 다시 보직을 받았고, 14개월 후인 1583년(38세) 7월에 함경도남병사인 이용의 군관으로 근무하게 되었다. 이용은 자신 때문에 이순신이 처벌받은 것에 대한 가책 때문에 스스로 이순신을 천거해서 자기 수하로 부임케 하였고, 동년 10월에 건원보 권관으로 임명하였다. 건원보 권관이 된 이순신은 여진 추장 울지내(鬱只乃)를 생포하는 전과를 올렸으나 직속 상사인 함경병사 김우서의 반대로 큰 보상은 받지 못했다. 이순신의 부친인 정이 동년 11월 15일에 사망했는데, 이 소식이 건원보에 전달된 것은 1584년(39세) 1월이었으며, 2년간의 복상을 한 후 1586년(41세) 1월에 사복시 주부(司僕寺 主簿, 종6품) 보직을 받았다. 16일 후에 이순신은 함경도의 조산만호로 복귀하게 되었고, 녹둔도의 둔전관을 겸했다. 1587년(42세) 8월에 녹둔도의 둔전에 여진족이 습격해 와서 10명이 전사하고 106명이 잡혀갔으며 15필의 말도 약탈당했는데, 직속상사인 병사 이일이 모든 책임을 이순신에 떠넘기려고 했다. 이순신은 결백을 주장하였으나 조정에서는 조산만호직을 수행하면서 백의종군하는 처벌을 내렸다.

그 후 이순신이 오랑캐 우을기내(于乙其乃)를 생포함으로써 백의종군은 해제되었고, 2년 6개월간의 만호직을 수행하고 1588년(43세) 6월에 새로운 보직을 받지 못하여 집으로 돌아왔다. 1589년(44세) 12월에 정읍현감으로 발령이 났고, 1591년(46세) 2월에 진도군수(정4품)로 발령되었으나 부임 전에 가리포첨사로 발령되었으며, 같은 달 13일에 전라좌도 수군절도사(全羅左道 水軍節度使, 좌수사)로 임명되었다. 임진왜란이 발생하기 1년 전에 전라좌수사로 발령받아 전쟁 준비를 차곡차곡 진행하였고, 1592년(47세) 4월 13일 드디어 임진왜란이 발발하게 되었다.

임진왜란이 발생한 1592년 옥포해전을 첫 승리로 장식하고, 거북선이 첫 출동한 사천해전, 학익진으로 유명한 한산도해전, 일본군의 근거지를 공격한 부산포해전 등을 통해 일본군이 서해에 보급로를 마련하려던 계획을 무산시켰다. 1593년(선조 26년) 다시 부산과 웅천(熊川)에 있던 일본군을 격파함으로써 남해안 일대의 일본 수군을 크게 위축시켰으며, 한산도로 진영을 옮겼다. 이후 명나라와 일본 사이에 화의가 시작되어 전쟁이 소강 상태로 접어들었을 때에는 병사들의 훈련을 강화하고 군비를 확충하는 한편, 피난민들의 민생을 돌보고 산업을 장려하는 데 힘썼다. 1597년(선조 30년) 조정은 일본의 거짓 정보(일본 수군이 바다를 건너 올 것이니 조선 수군이 길목을 지키고 있다가 적장을 생포할 수 있다)를 믿고 이순신에게 출동 명령을 내렸으나 이순신은 이것이 거짓임을 알고 조정의 명령에 따르지 않았고, 이로 인해 적장을 놓아주었다는 모함을 받아 파직당하고 서울로 압송되어 투옥되었다. 사형에 처해질 위기까지 몰렸으나 조정 대신들의 변호로 죽음을 면하고 도원수(都元帥) 권율(權慄) 장군 밑에서 두 번째로 백의종군하였다.

이순신의 후임인 원균이 1597년 7월 칠천량해전에서 일본군에 참패하고 전사하자 백의종군을 수행하고 있던 이순신은 다시 삼도수군통제사로 재임명되었고, 13척의 함선과 빈약한 병력을 거느리고 명량(울돌목)에서 일본군을 물리침으로써 수군 재건의 기초를 다졌다. 1598년(선조 31년) 2월 고금도(古今島)로 진영을 옮긴 뒤, 11월에 명나라 제독 진린(陳璘)과 연합하여 노량에서 일본군과 혼전을 벌이다가 유탄에 맞아 전사하였다. 사후 1604년(선조 37년) 선무공신 1등이 되고 덕풍부원군(德豊府院君)에 추봉된 데 이어 좌의정에 추증되었으며, 1613년(광해군 5년) 영의정이 더해졌다. 유품 가운데 〈난중일기〉(亂中日記)가 포함된 '이충무공난중일기부서간첩임진장초(李忠武公亂中日記附書簡帖壬辰狀草)'는 국보 제76호이다.

선조 임금

조선 제14대 왕(재위 1567~1608년)으로 본관은 전주(全州), 초명은 균(鈞), 뒤에 공으로 개명하였다. 중종의 손자이고, 덕흥대원군(德興大院君)의 셋째 아들이며, 어머니는 하동부대부인(河東府大夫人) 정(鄭) 씨이다. 1567년 명종이 후사 없이 승하하자 임금에 즉위하였다. 1575년(선조 8년) 김효원(金孝元)·심의겸(沈義謙)을 중심으로 각각 동인·서인으로 갈

라지는 정치적 위기가 있었고, 선조는 남쪽 일본의 정세가 심상치 않자 1590년 황윤길(黃允吉)·김성일(金誠一) 등을 일본에 보내 그들의 동향을 살피려는 의지를 보였지만 붕당 간의 지나친 견제와 이기주의로 인해 국방 대책도 제대로 세우지 못한 채 1592년 임진왜란을 당하였다.

왜란 초 파죽지세로 공격해 오는 일본 육군에 계속 패하여 보름만에 한양을 일본군에게 내주고, 백성들의 원성에도 불구하고 자신은 개성과 평양을 거쳐 의주로 피난길에 나섰다. 다행히 이순신이 이끄는 조선 수군의 맹활약으로 인해 일본 육군의 보급로가 차단되고, 명나라의 원병과 의병의 활약 등으로 전세를 회복하였지만, 명나라와 일본 간의 지루한 협상이 수년간 지속되었다가 결렬되면서 1597년 일본군의 재침(정유재란)을 받아 극도의 혼란을 초래하였다. 1598년 임진왜란 원흉인 토요토미 히데요시가 사망하면서 일본군이 철수함에 따라 전쟁은 종료되었다.

류성룡

조선의 문신[1542년(중종 37년)~1607년(선조 40년)]으로 본관은 풍산(豊山), 자는 이현(而見), 호는 서애(西厓)이고, 의성 출생이다. 이황(李滉)의 제자로, 동인이며 1590년 일본 통신사로 파견된 김성일(金誠一)과 친분이 두터웠다. 1566년(명종 21) 별시문과에 병과로 급제, 1579년 승지,

1580년에 부제학, 1582년 대사간·도승지, 1584년 예조판서, 1588년 대제학, 1589년 병조판서, 1590년 우의정, 1591년 좌의정으로 승진하면서 이조판서를 겸직하였다. 왜란에 대비하여 형조정랑 권율과 정읍현감 이순신을 각각 의주목사와 전라좌수사에 천거하는 한편, 진관법(鎭管法)을 제승방략제(制勝方略制)로 고칠 것을 청하였다.

1592년 일본이 침입하자 병조판서를 겸하면서, 도체찰사(조선시대의 전시 총사령관)로 군사 업무를 총괄하였으며, 영의정으로 왕을 모시고 평양까지 갔으나 나라를 그르쳤다는 반대파의 탄핵을 받아 면직되었다. 그러나 의주에 이르러 평안도 도체찰사가 되고, 1593년 명나라의 장수 이여송(李如松)과 함께 평양성을 수복, 그 뒤 충청·경상·전라 3도의 도체찰사가 되어 파주까지 진격하였다. 임진왜란 내내 이순신의 멘토 역할을 수행하였으며, 육군에 익숙했던 이순신을 발포만호로 천거하여 수군에 대한 전략·전술을 익힐 수 있도록 함으로써 임진왜란에서 수군의 연전연승을 이루어내는 데 밑거름이 되었다. 1598년 명나라 측에서 조선이 일본과 연합하여 명나라를 공격하려 한다는 무고한 사건이 발생하였는데, 이 사건의 진상을 변명하러 명나라에 가지 않았다는 북인들의 탄핵을 받아 물러난 후 다시 벼슬에 나가지 않고 은거하였다. 그가 쓴 〈징비록〉과 〈서애집〉은 임진왜란을 연구하는 데 빼놓을 수 없는 귀중한 자료이다.

원균

조선 중기의 무신[1540년(중종 35년)~1597년(선조 30년)]이며, 본관은 원주(原州)이다. 1592년(선조 25년) 임진왜란이 발발한 시점에 경상우수사가 되었고, 양국 간의 전쟁 준비 격차로 말미암아 전쟁 초부터 일방적인 패주의 연속이었으며, 경상우수영 관할의 장병들도 거의 흩어져 휘하에는 약간의 장병만이 남아 있을 뿐이었다. 원균의 몇 차례에 걸친 요청 끝에 마침내 이순신의 원병이 도착하자 이에 합세하여 옥포(玉浦)·당포(唐浦) 등지에서 연전연승하였다. 그러나 포상 과정에서 이순신과의 공로 다툼으로 사이가 벌어졌는데, 1593년 8월 이순신이 신설된 삼도수군통제사직에 임명되어 지휘권을 장악하자 이에 반발하여 이듬해 12월 충청병사로 나가 있다가 얼마 뒤에는 전라좌병사로 자리를 옮겼다.

이순신이 조정의 명령을 따르지 않았다는 죄목으로 한양으로 압송되어 하옥되자 1597년 1월에 경상우수사 겸 경상도통제사로 임명되어 이순신을 대신해 삼도 수군을 통제하게 되었다. 1597년 정유재란 때 조정의 무리한 명령에 따라 삼도 수군을 이끌고 부산의 적을 공격하던 중 칠천량해전에서 대패하여 전라우수사 이억기, 충청수사 최호 등과 함께 전사했다.

토요토미 히데요시(豊臣秀吉, とよとみのひでよし)

일본 센고쿠 시대와 아즈치모모야마 시대에 활약했던 무장 겸 영주(다이묘, 1537~1598)로서, 토요토미라는 성을 하사받기 이전에 '하시바 히데요시'라는 이름을 사용했다. 그는 농민의 아들로 태어났고, 오다 노부나가가 부하 아케치 미쓰히데의 반역으로 죽자 주고쿠에서 대군을 이끌고 교토로 돌아와 야마자키 전투에서 역신 아케치 미쓰히데를 격파하고, 오다 노부나가를 대신해 그의 사업을 계승하였다. 그후 오사카 성을 쌓았으며 관백(關白)에 임명되었다.

도요토미 히데요시가 임진왜란을 일으킨 이유에 대해서는 여러 가지 설이 있다. 그 설은 첫째, 유력 다이묘의 권력 약화 및 자신의 공명심과 영웅 심리에서 기인했다는 설, 둘째 뒤늦게 얻은 아들 쓰루마쓰가 죽은 비통함 때문에 전쟁을 일으켰다는 설, 셋째 해외 무역 장악을 위해 전쟁을 일으켰다는 설, 넷째 주군이었던 오다 노부나가의 대륙 진출 계획에 영향을 받아 통일 이후 그것을 실현시키려고 전쟁을 일으켰다는 설, 다섯째 토요토미 히데요시 자신의 천하제패 야욕을 이루기 위해서 전쟁을 일으켰다는 설 등이다. 게이초 3년(1598년) 음력 8월 18일 향년 62세에 후시미 성에서 죽었는데, 사인은 위암, 독살 등 여러 가지 설이 있다.

옥포해전에서는 어떻게 프로젝트를 기획하고, 실행했을까?

프로젝트 관리에서 기획은 세부적인 계획을 수립하는 단계이고, 실행은 수립된 계획을 이행하는 단계이다. 기획 및 실행 단계에서는 프로젝트 범위 관리에서 통합 관리까지 32개 프로세스를 다루고 있다. 옥포해전에서는 어떻게 계획을 수립하고 실행했는지 살펴보자.

범위 관리

● 프로젝트의 범위를 정한다는 것은 매우 중요한 일인데, 이순신이 전쟁의 초기에 임진왜란의 전체적인 범위를 설정하는 것은 불가능했다.

● "해질 무렵에 영남우수사(원균)가 보낸 통첩에 '왜선 90여 척이 와서 부산 앞 절영도에 정박했다'고 한다. 이와 동시에 또 수사(경상좌수사 박홍)의 공문이 왔는데, '왜적 350여 척이 이미 부산포 건너편에 도착했다'고 하였다. 그래서 즉각 장계를 올리고 순찰사(이광), 병마사(최원), 우수사(이억기)에게도 공문을 보냈다. 영남관찰사의 공문도 왔는

데, 역시 이와 같은 내용이었다." **7**

- 이순신은 진해루(진남관)에 모여 함대의 주요한 임무를 띠고 있는 중 위장 방답첨사 이순신, 전부장 흥양현감 배흥립, 후부장 녹도만호 정운과 함께 작전 범위, 전략 등을 논의하였다.

- 이순신 함대의 1차 출정(4월 30일~5월 7일)은 전라좌수영에서 경상도 방향으로 진격하는 것이었는데, 이동 중에 발생한 전투 상황으로 요약해보면 거제도까지를 전투 범위로 볼 수 있다. 1차 출전이었으므로 매우 조심스럽게 주변을 수색해가며 진격해 나갔다.

- 적군의 목을 베는 것(수급)보다는 적 함선 공격을 통한 격침에 주력하였다.

- 장기전에 대비한 전략을 수립하였다.

시간 관리

- 이순신이 전라도 관찰사인 이광에게 전라우수군의 도움을 요청하였고, 이광의 승인으로 우수사인 이억기 함대가 4월 30일 오전 2시에 우수영을 출발한다는 내용을 통보받음에 따라 당초 출전 예정이던 일정을 연기하였다.

- 함선 이동 경로를 고려하여 몇 시간 정도 소요될지를 미리 예측하고 함선의 숙영지도 미리 결정하였다. 예를 들면, 좌수영이 있는 여수에서 미조항(남해군 삼덕면 미조리)까지는 뱃길로 약 30km이므로 오전

8시나 9시경에 도착하는 것으로 계산하였다.

- 5월 4일에서 9일까지 적정 파악, 야간 이동, 철저한 수색, 이동 경로를 감안한 용의주도한 시간 계획을 수립하였다.

원가 관리

- 전라좌수영의 판옥선 24척, 협선(판옥선의 부속선인 소형 전선) 15척, 포작선 46척이 참여했는데, 포작선은 생선을 잡아 배에서 포를 만드는 배로 전투선이 아니라 어선이었다. 포작선을 동원하여 함대의 뒤를 따르게 한 것은 함선 수가 너무 적어서 함대의 위세를 불리기 위함이었으며, 프로젝트 관리에서는 이러한 행위를 금지하고 있다.
- 경상우수영은 100여 척의 선박과 1만 명의 병력이 있었는데, 이순신 함대에 합류한 전력은 전투함 4척(그중에서 3척만 참전)과 장수 8명이었다.

품질 관리

- 전시에서 최대의 화력을 집중하여 조기에 적을 섬멸할 수 있도록 5월 2일 낮 12시에 배를 탄 후 함대를 지휘하여 함대의 기동 훈련을 실시하였다.
- 적의 조총 유효사거리를 사전에 파악한 후 적절한 위치까지만 진격

하여 함포 사격으로 적 함선을 파괴하였다.

- 적 병력보다는 원거리 포격전을 통한 함선 침몰에 주력함으로써 아군 피해를 최소화하였다.

인적자원 관리

- 이순신은 수로 전문가인 광양현감 어영담의 도움을 받아 여수에서 당포까지의 물길에 대해 상세히 물어보고, 그로 하여금 함대의 수로 안내를 전담하도록 하였다. 어영담은 바닷가에서 출생하여 성장한 사람이었으므로 배를 잘 부릴 뿐만 아니라 무과 출신으로 경상도와 전라도의 수군 장수직을 여러 번 역임했기 때문에 경상도의 물길, 섬, 연해안의 지형을 마치 손금보듯이 하는 사람이었다.
- 이순신은 아무리 천한 신분이라도 단 한 명의 생명도 소홀히 하지 않았다. 혹 장병들이 적의 목을 베려고 적을 쫓아 돌격이라도 하려 하면, "목숨을 아낌도 충이고 효다! 곧 돌아오라!"라는 명을 내렸고, 적의 수급을 베는 것을 금지시켰다.

의사소통 관리

- 주요 지휘관들과 함대 이동 및 의사소통에 대한 기준을 마련하였으며, 밤에 사용할 암호['용호(龍虎)', '산수(山水)' 등]를 결정하고 적용하

였다.

- "망령되게 함부로 움직이지 말고 태산처럼 무겁게 행동하라"라는 말로 지휘관의 의도를 간단명료하게 전달하였다.
- 신기전, 암호 등의 의사소통 방법이 내재화될 수 있도록 훈련하였다.
- 녹도만호 정운이 이순신을 찾아와 바로 영남으로 출병해야 함을 역설했을 때, 이순신은 그의 말을 귀담아 듣고 아직 이억기 함대가 도착하지 않았음에도 5월 4일 새벽 2시를 함대 출전일로 결정하였다.
- 전라좌수영과 경상우수영과의 통합 작전을 수행하기 위한 전술 토의 및 통합 훈련을 실시하였고, 신상필벌의 군기 확립과 전술 및 작전 토의를 수행하였다.

리스크 관리

- 출정을 하기 전에 타 관할 지역에 대한 정보를 파악하여 리스크를 최소화하였다. 특히, 남해도에 군관 송한련을 보내 자세한 군정을 파악하고 대처 방안을 모색하기도 하였다.
- 타 관할 지역으로 이동 시 사전에 현지 정보를 파악하는 데 진력하였다.
- 야간 출항, 야간 협수로 통과 등을 통해 함대의 기동을 은폐하였다.
- 윤백련, 공태원 등 적군에 포로가 되었던 자의 정보를 십분 활용하였다.

조달 관리

- 일본군의 규모가 500척이므로 이순신은 좌수영만으로 힘들 것으로 판단하여 우수군의 도움을 받기로 결정하였으며, 전라도 관찰사인 이광에게 우수영의 도움을 요청하였다.
- 경상우수영으로부터 전력을 지원받고 수집된 정보를 공유하여 활용하였다.
- 포구 담당관들에게 이동로에 대한 정보 지원을 받아 활용하였다.
- 전라우수영의 전력 지원 요청을 하였다.

이해관계자 관리

- 이순신의 직속 상사인 전라도관찰사 이광과 선조에게는 전쟁 상황을 수시로 보고하였고, 경상도의 일본 수군과 싸우기 위한 출정명령서를 받아냈다.
- 경상우수사인 원균과는 전쟁 상황을 정확하게 이해하기 위해 통신지를 통해 의사 소통을 하였고, 전라우수사인 이억기와는 전쟁 준비와 출전, 그리고 전황을 공유하였다.
- 전라좌수영의 부하 장수들과는 지속적인 훈련을 통해 일본 수군과 싸워 이길 수 있는 전략과 전술을 숙달하였다. 또한, 수시로 부대를 방문하여 군기를 확립하였으며, 출정 전에는 정신 무장을 통해 군

의 사기를 높였다.

통합 관리

- 5월 4일 새벽 2시에 출전하여 5월 9일 귀영까지의 전체 일정, 파견 규모 등의 계획을 구상하여 추진하되, 매일매일의 상황을 반영하여 즉시 대응할 수 있는 융통성 있는 계획을 수립하였다.
- 프로젝트 실행 단계에서는 인도물들이 나오는 단계이며, 해전에서는 승리의 전과가 이에 해당한다. 이순신은 장계에서 옥포해전의 전과를 낱낱이 보고하였다. 참가한 포, 진, 현, 군의 장수 이름과 성과물을 빠짐없이 기록함으로써 공적을 치하하고 보상받도록 조치하였다.
- 전투 결과 우리 함선의 파손도 없었고, 인적자원의 손실은 한 명의 수졸이 경상을 당하는 수준에 그쳤다.
- 첫 승리의 중요성을 명확히 인식하고 사전에 철저한 통합적인 연구를 통해 이미 이겨놓고 싸웠다.
- 장시간 작전 회의를 통한 종합적인 상황을 면밀히 파악하였다.

옥포해전에서는 어떻게 프로젝트를 통제하고, 종료했을까?

6

프로젝트 통제 단계에서는 실행 단계의 인도물에 대해 품질 목표 달성 여부를 확인하고 재작업이 필요한지를 결정하며, 종료 단계는 최종 산출물을 고객에게 넘겨주는 활동을 수행한다. 옥포해전에서 수행한 프로젝트 통제 및 종료와 관련된 활동들을 분석하기 위해 여러 문헌들을 찾아보았지만 충분한 자료를 확보하기 어려웠다. 따라서 통제와 종료 단계는 짧게 정리하였다.

프로젝트 통제

프로젝트 상황은 많은 변경 요인이 발생하므로 변경에 대한 의사결정은 프로젝트 매니저 혼자서 결정하는 것이 아니라 고객의 의사결정 기구인 변경통제위원회에서 결정하는데, 해전 상황에서는 이순신과 주요 참모들이 항로 변경, 작전 변경, 수색 등의 많은 의사결정을 협의하여 진행하였다.

프로젝트 종료

- 프로젝트를 종료할 때에는 가장 먼저 외부의 도움을 받은 외주 병력을 먼저 고려해야 한다. 이번 해전에서도 경상우수영의 도움을 받아서 치러진 해전이므로, 경상우수영 병력과는 적진포해전이 끝난 이후에 협력 관계가 종료된 것이다.

- 최초 해전인 옥포해전을 승리로 이끌고, 이어서 합포해전과 적진포해전을 승리로 이끈 이순신 함대는 5월 9일 12시 적진포에서 닻을 올리고 전라좌수영으로 복귀함으로써 프로젝트는 종료되었다.

- 종료 시에는 프로젝트에 참가하면서 느낀 부분을 교훈으로 남겨야 하는데, 이순신은 '옥포파왜병장'이라는 제목으로 한자 3,500자의 장계를 올렸으며 선조가 이를 받아보고 통곡을 했다고 하며, 획득한 노획물은 해전에 참가한 모두에게 고루 나누어주고, 잔치를 베풀어 승전을 축하하고 노고를 치하함과 동시에 휴식을 취할 수 있도록 조치하였다.

- 이순신은 또 1592년(선조 25년) 임진왜란이 일어난 다음 달인 5월 1일부터 1598년 10월 7일까지의 진중 기록인 〈난중일기〉를 남겼는데, 이는 후세 사람들이 임진왜란이라는 거대한 프로젝트의 역사적 사실을 파악하는 데 크게 기여하였다.

이순신의 옥포해전에서 배우는 프로젝트 착수 : 성공 키워드 3가지

이제까지 옥포해전을 프로젝트 관리의 첫 번째 단계인 착수라는 관점에서 살펴보았다. 이순신의 프로젝트 관리 중 프로젝트 착수의 성공 키워드 3가지는 다음과 같다.

❶ 이순신은 옥포해전에서 프로젝트 착수를 위한 사전·사후 준비를 완벽하게 수행했다.

4월 16일 임진왜란이 발생했다는 공문을 접수하고, 4월 27일 조정으로부터 출전 명령을 받자마자 경상우수사에게 4가지 질의 사항을 보내 필요한 정보를 신속히 얻었고, 전라우수군과의 통합 세력 형성, 이동 항로 안전 확보 및 주요 포구의 전비 태세 확인, 유언비어 차단 및 장병들의 군기, 정신 전력 강화 등의 조치들을 연속적으로 추진했다. 선조로부터 하달된 간단한 출전 명령서가 스폰서의 프로젝트 헌장이라고 한다면, 이순신은 프로젝트 범위기술서에 포함될 사항, 환경 요인 분석, 가용자산의 활용, 전문가 판단 활용뿐만 아니라 이해관계자를 세밀히 분석하고 식별하여 그에 따른 관리 전략까지 시행하면서 프로젝트 착수를 진행해 온 것이다.

❷ 이순신은 실전에서 일어날 수 있는 실수를 예방하기 위해 사전에 행동 원칙을 정하고, 전략을 수립하였다. 즉, 일본군의 강점을 연구하여 접근전을 금지시키고, 일본군의 목을 베는 수급 행위를 금하였으며, 조총의 유효사거리를 넘는 거리에서 함포를 발사하는 전술을 세웠다. 또 아군의 강점을 활용한 전술을 수립하여 평소 훈련을 통해 숙달되도록 하였으며, 임진년 첫 출동 전에 모든 훈련을 마무리하였다.

❸ 이순신은 가용 자원이 즉시 최대의 효과를 낼 수 있도록 과거의 정보를 적극적으로 활용하였다.

이순신은 태종 때의 거북선을 연구함과 동시에 1555년 을묘왜변 관련 자료를 연구하여 일본 수군의 전략, 전술, 전선의 크기, 무기의 유효사거리 등을 파악하여 일본군을 격퇴시키는 방안을 연구하였다. 임진왜란 첫 전투에서의 승리는 오랜 기간 동안 축적해 온 자료를 활용함과 동시에 실전을 방불케 하는 훈련의 결과였다.

2부

제2법칙

프로젝트의 성공은 기획에서 결정된다

■

1장

거북선 첫 출전, 사천해전

사천해전, 조선 수군의 저력을 보여주다

거북선이 첫 출전한 사천해전의 해전도와 경과를 정리하면 다음과 같다.

경과(1592년)

5월 9일

이순신은 1차 출전의 마지막 전투인 적진포해전도 승리로 장식하고, 정오에 모든 전선을 거느리고 본영으로 무사히 돌아왔다. 여러 장수들에게 전선을 잘 정비하여 만(灣 : 바다가 육지 속으로 파고들어 와 있는 곳) 어귀에 정박하면서 만일의 사태에 대비하라고 지시했다. 노획한 전리품을 정리하고, 쌀이나 의류 등은 조정의 지시를 기다렸다. 이어 이순신은 일본군이 전라도를 육로로 침입할 것에 대비하여, 순천 및 고흥 등지에 있는 쓸 만한 말을 모아 장수와 군사들에게 주어 훈련시키는 게 좋겠다고 전라도 관찰사 이광에게 보고하였다.

해전도

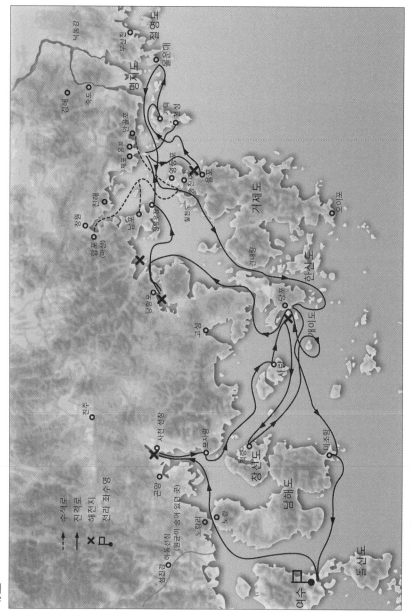

그림 2-1 이순신 함대의 2차 출동전도(사천, 당포, 당항포, 율포해전 : 1592. 5. 29.~6. 10.)

그림 2-2 **이순신 함대의 사천해전도**
(2차 출전, 1592. 5. 29.)

5월 26일

부산에 있는 왜적들이 점점 거제도 서쪽으로 침범하여 바닷가 마을 들을 노략질하는 일이 잦자, 이순신은 전라좌도의 수군을 다시 징집하고 전라우수사 이억기와 합동으로 적을 쳐부수려 하니 빨리 오라는 공문을 보냈다. 6월 3일까지 전라좌수영 앞바다에 모여 출전하기로 하였다.

5월 27일

이순신은 "일본의 전선 10여 척이 사천, 곤양 등지로 육박해 왔기 때문에 함대를 노량으로 이동했다"는 원균의 급보를 받았다. 6월 3일까지 기다리다가는 적의 세력이 더욱 커질 것이므로 경상도로 조기 출전을 결정한 이순신은 일본군이 한강에서 조운선을 탈취하여 전라도를 공격하려 한다는 소문을 듣고 전라도의 모든 진과 포의 지휘를 조방장 정걸에게 맡겨 만일의 사태에 대비하였다.

5월 29일

이억기 함대와 6월 3일 합류하기로 약속했으나 이순신은 더 이상 기다릴 수가 없어, 뒤따라오라는 공문을 남기고 새벽에 출항하였다. 오전 9시경 노량에 도착하여 원균 함대와 합류하였는데, 아군의 전력은 판옥선 26척과 그밖에 작은 배 20척이었다. 근처를 지나던 일본군선 1척을 추격하던 중 사천 선창에 12척의 일본군선을 추가로 발견하였다. 일본군은 총포를 발사하는 데 유리한, 지대가 높은 곳에 포진하고 있었다.

처음 전투가 시작되었을 때 포구는 좁고, 또 마침 썰물이었기 때문에 판옥선이 접근할 수 없었다. 후퇴하는 척하면서 유인 작전을 펼쳤으나 일본 수군은 병력의 절반인 200여 명만 내려와 배에서 조총으로 대항할 뿐 유인 작전에 말려들지 않았다. 어느덧 조류가 밀물로 바뀌어 판옥선이 포구 안으로 진입할 수 있게 되었다. 이때 처음으로 거북선을 돌격선으로 하여 총통을 발사함과 동시에 여러 전선이 한꺼번에 공격하였다(이때까지 거북선을 전면에 내세우지 않았던 것은 일본 수군이 거북선의 외양을 보고 두려워하여 넓은 바다로 나오지 않을 것이라 예상하였기 때문이다).

선봉에 선 거북선이 일본 함대에 완전히 포위되었으나 양쪽 옆구리의 포문을 열고 총통을 발사했다. 일본군은 조총으로 대항했으나 조총탄은 거북선의 선체를 뚫지 못했다. 일본 수군은 다시 언덕 위로 후퇴하였으며, 이 기회를 틈타 정박해 있던 일본군선 13척을 불태웠다. 해전이 끝났을 때는 날이 저물어 사천땅 모자랑포에 정박하였고, 점차 동쪽으로 이동해가면서 일본 수군을 격파해가는 작전을 펼쳤다.

2

사천해전의 전과 및 성공 포인트 분석

사천해전에서 조선 수군의 전과와 일본 수군의 피해를 정리해보고, 이순신 제독이 승리할 수밖에 없었던 성공 포인트와 전략적 의의를 살펴보자.

전과 및 피해

- 전과 : 적선 13척을 불태움(대선 12척, 척후대선 1척)
- 아군의 피해
    - 좌수사 이순신, 총탄에 맞아 어깨에 관통상
    - 군관 나대용, 총탄에 맞아 부상
    - 사부(대포나 활을 쏘는 병사)와 격군(노 젓는 병사) 다수 부상

성공 포인트 분석

첫째, 작전 계획에 따라 공격을 개시했으나 조류, 지형 등의 여건이 이순신 함대에 불리하게 전개되었다. 이러한 상황에서 오랫동안 전투를 계속하면 아군이 위험하다고 판단하고 과감하게 후퇴 명령을 내린다. 그러면서도 적을 넓은 외해로 이끌어내기 위해 유인 작전도 겸하였다. 그리고 다시 밀물이 시작되는 시간에 맞추어 속도를 내면서 재공격을 시도하였다.

둘째, 거북선을 최초로 활용하여 종횡무진 공격함으로써 주도권을 단번에 장악하였는데, 이것은 인위적으로 우세한 상황을 만들어 승리를 쟁취한 성과였다.

셋째, 3차 해전(1차 출전의 옥포-합포-적진포해전)까지 한 번도 거북선을 출전시키지 않은 것은 섣불리 거북선을 활용하기보다는 실전 상황에서 어떻게 활용할 것인지를 주의 깊게 연구한 것이라고 볼 수 있다. 즉, 조총과 일본도로 무장하고 등선육박전술을 구사하는 일본군에 대하여 이를 무력화할 방안이 무엇인지 연구를 거듭하던 중에 거북선이라는 비책의 신무기를 개발하고 이를 어떻게 활용할 것인지를 알아낸 것이다. 또 거북선 시험 평가를 임진왜란 발발 하루 전인 4월 12일에 마쳤으니 전쟁 준비 관점에서 보면 절묘한 타이밍이었다.

거북선의 등에 철판을 입혔으므로 배가 그 무게를 감당하지 못하여 물에 뜨지 못할 것이라든지, 판옥선 구조의 배에 뚜껑을 덮었으므로 배가 뒤집힐 것이라든지, 노 젓는 병사와 포를 쏘는 병사가 섞여 아수라장이 될 것이라든지 하는 참모들의 우려와 논쟁이 있었지만 이순신은 이런 반대 의견을 참고하여 더욱 완벽한 거북선을 건조하게 되었다.

전략적 의의

- 일본의 수군과 육군이 합동하여 전개한 서진(전라도를 거쳐 서해로 보급로를 마련하는 것)을 차단하였다.

3

사천해전에서는 어떻게 프로젝트를 착수했을까?

사천해전에서의 프로젝트 착수는 프로젝트 헌장 개발과 이해관계자 식별이라는 프로세스를 분석하였다.

프로젝트 헌장 개발

옥포해전은 이순신이 임진왜란에서 수행한 첫 전투로서, 관할 지역 (전라도)을 벗어나는 경우였으므로 선조의 출전 명령서가 프로젝트 헌장 역할을 수행하였다고 보면, 그 이후에 발생되는 출전은 이미 승인된 것을 근거로 하여 전라좌수사의 독자적인 판단에 의해 작전을 수행하였다고 할 수 있다. 사천해전의 경우에는 경상우수사 원균의 급박한 도움 요청을 전라좌수사 이순신이 수용함으로써 프로젝트가 착수되었다고 볼 수 있다. 원균이 보낸 긴급 공문 내용은 다음과 같다.

"일본의 전선 10여 척이 사천, 곤양 등지로 육박해 왔기 때문에 함

대를 노량으로 이동했다" **1**

이해관계자 식별

사천해전 프로젝트에서는 옥포해전에 참전했던 참모들(중위장 순천 부사 권준 외 14명)과 한 배에 탑승해서 거북선을 지휘한 돌격장 이기남, 이언량 2명의 귀선장이 주요 이해관계자이다. 또 경상우수영의 원균을 포함한 참모진도 이해관계자라 할 수 있고, 이 해전의 일본군 지휘관 인 구루시마 미치유키와 도도 다카도라도 이해관계자라 할 수 있다.

4

사천해전에서는 어떻게 프로젝트를 기획하고, 실행했을까?

기획 및 실행 단계에서는 프로젝트 범위 관리에서 통합 관리까지 관리 전반을 다루고 있으며, 특히 사천해전에서는 거북선을 처음으로 출동시킨 해전이므로 거북선을 어떻게 활용할 것인지에 대해 사전에 계획을 수립하고 실행하였다.

범위 관리

- 이순신 함대의 2차 출전(5월 29일~6월 10일)은 여수에서 가덕도까지를 관장하였으므로 1차 출전에 비해 좀 더 넓은 범위의 작전을 수행하였으며, 다도해 섬들의 깊은 만까지 철저히 수색하였다. 전라도를 포함한 서해 바다 보존의 긴급성과 사천과 여수 사이의 거리를 고려하여 전라우수영의 이억기 함대가 도착하는 것을 기다리지 않고 즉각 출항하였다.
- 사천 선창에 정박해 있는 일본군의 전선 12척과 사천만 입구의 정찰

선 1척을 파괴시키는 것이었으며, 작전 기간은 병사들의 피로도 및 군수물자 등을 고려하여 10일 정도로 정했다.

- 착수 시기의 적절성을 보면, 이순신은 일본의 수군과 육군이 합동하여 전라도 방향으로 침입해 오는 데 대한 조기 차단의 필요성을 인식하고 신속한 전략적 결심을 하게 된다. 이러한 면에서는 당면한 해전 자체도 중요하지만 전쟁의 전체 흐름을 읽는 탁월한 범위 관리 능력과 긴급한 상황에서 신속하게 결심하고 행동에 착수하는 뛰어난 판단 및 실행 능력을 읽을 수 있다.

시간 관리

- 원래 부산에서 거제도 서쪽으로 침범해 오는 일본군을 차단하려던 2차 출전 계획은 6월 4일이었으나 원균의 갑작스런 지원 요청에 의해 5월 29일로 앞당기게 되었다. 프로젝트 관리자는 계획 수립 과정에서 상황 변화에 대처하기 위하여 프로젝트 시작 시간을 조정하는 유연성이 있어야 한다.
- 전라좌수영(여수)에서 노량까지의 가장 짧은 뱃길은 약 31km이고, 새벽 4시에 시속 6km로 항해하였다고 가정하면, 이순신 함대는 오전 9시경에 노량에 도착했다고 추측할 수 있다.
- 사천 선창은 노량에서 출발하여 대략 낮 11시~12시쯤에 도착했을 것으로 예상되며, 이순신은 낮 전투를 감안하여 출발 시간을 결정

한 것으로 판단된다.

- 썰물이 밀물로 바뀌는 시간을 적절하게 활용하여 공격하였다.

원가 관리

- 전라좌수영 판옥선 24척 중에서 1척은 일본군의 우회 공격에 대비하여 전라좌·우수군의 경계 수역을 수비하도록 남겨 두고 23척이 출동하였다.
- 경상우수영의 판옥선 3척이 참전하였다.
- 최초로 거북선을 전투에 활용하였다.
- 일본군의 피해는 대선 12척, 척후대선 1척이 불에 타고 약 2,600명이 죽은 것으로 추정된다.
- 아군의 함선 피해는 없었으나 군관 나대용이 총탄에 맞아 부상당했고 이순신은 왼쪽 어깨에 관통상을 입었으며, 사부와 격군 다수가 부상하였다.

품질 관리

- 전투 효율을 극대화하기 위해, 이미 건조를 마치고 해상 시험까지 마친 거북선을 최초로 사천해전에 투입했는데, 1차 출전의 전투 상황을 분석한 결과를 근거로 하여 전술적 가치가 극대화될 수 있는

사천해전부터 거북선을 투입하였다.

- 거북선으로 일본군의 지휘선을 집중 공격하여 조기에 적의 기세를 꺾었다. 즉, 이순신은 거북선으로 하여금 적의 지휘선을 노려 근접 공격하게 함으로써 일본 수군 진영에 일대 혼란을 초래하였다.

- 이순신은 또 전투의 여건을 잘 읽고 국면 전환용으로 거북선을 활용하였다. 당시의 전장은 주로 뻘이었기 때문에 접근전도 제한적이었고, 판옥선과는 달리 장갑을 두른 거북선은 조총의 유효사거리까지 접근해서 함포 사격을 할 수 있었다. 일본군이 이에 맞서 등선육박전술을 폈으나 거북선 상부에 올라탄 일본 병사들이 쇠못에 찔려 바다에 떨어지니 일본군의 전술은 무용지물이 되었다.

- 따라서 거북선 첫 출전 시기를 4차전에서 적용한 것은 매우 적절하였다.

인적자원 관리

- 2차 출전 때의 함대 편성은 1차 출전에서의 경험을 바탕으로 상당한 변화를 주었다.

- 우선 순천부사 권준에게 중위장을 맡기고, 방답첨사 이순신을 전부장으로 배치하였다. 거북선 돌격장으로는 급제 이기남과 군관 이언량을 같이 동승시켰는데, 이는 거북선이 계속 건조되고 있었으므로 추후 귀선장 역할을 수행할 이언량을 같이 동승시켜 전술을 배우

고 익히도록 한 것이었다. 조방장 정걸은 전라우수군과의 경계인 흥양에 파송하였는데, 이는 서울을 침범한 왜적이 한강에서 조운선을 탈취하여 전라도에 침범하려 한다는 소문이 있었기 때문이다.

- 이순신은 광양현감 어영담(수로 전문가)의 도움을 받아 사천 선창의 진흙이나 밀물·썰물의 주기를 정확하게 파악하였다.

- 이억기 함대가 도착하지 않았지만 지휘관 회의를 통해 5월 29일 출전하기로 결정하였는데, 이것은 프로젝트 매니저에게 요구되는 요소 중 신속하게 전략적 지휘 결심을 한 좋은 사례라 할 수 있다.

- 이순신은 사천전투에서 왼쪽 어깨에 적의 유탄을 맞아 피가 발뒤꿈치까지 흘렀는데도 병사들의 사기를 생각하여 자기가 부상당했다는 것을 발설하지 않았다. 싸움이 끝나고 나서야 비로소 칼로 살을 자르고 칼 끝으로 철환을 후벼 냈다.

- 또 이순신이 관통상을 입고도 통증에 대해서는 일절 언급하지 않고, 단지 '활을 쏘지 못해 큰 고민이다'라고 말한 것을 보면 그의 리더로서의 마음가짐과 애국심을 엿볼 수 있다. 그가 프로젝트 리더로서 항상 목표 지향적인 사고를 가지고 있었고, 일신의 안위를 돌보지 않고 나라를 지키는 숭고한 애국정신을 가졌음을 이 말 한마디로 잘 알 수 있다.

- 이순신은 이렇게 총통상을 입을 정도로 선봉에서 직접 전투에 참여하는 솔선수범을 보였고, 부상 후에도 리더로서의 의연함을 잃지 않았다.

- 또 그는 1차 출전의 경험을 바탕으로 주요 참모들의 장점을 살려 함대를 재구성하였다.

의사소통 관리

- 다도해 여러 곳에 탐망선을 배치하여 적 발견 시 즉각적으로 보고하는 외부 의사소통 네트워크를 갖추고 있었다.
- 이 전투에서 공격을 신속히 중단하고 후퇴하면서 유인 작전을 병행하거나 유리한 상황이 왔을 때 신속하게 재공격을 시도했던 것을 보면 원활한 내·외부 의사소통 체계가 작동되고 있었음을 알 수 있다. 즉, 1차 공격 시 썰물 때문에 후퇴하면서 유도 작전을 수행하고, 밀물 때 다시 공격을 재개하면서 거북선을 돌격대로 선두에 투입하고, 이순신 함대도 뒤따라 진격하였는데, 만일 체계적인 의사소통이 이루어지지 않았다면 이런 작전은 불가능했을 것이다. 이와 같은 의사소통 체계는 수많은 훈련과 연습을 통해 지휘하는 장수들뿐만 아니라 모든 병사들에게까지 내재화되었다고 볼 수 있다.

리스크 관리

- 출전 후 판옥선 1척을 수비를 위해 본영에 남겨 두었는데, 이는 서울을 침범한 적이 한강에 계류된 조운선을 탈취하여 전라도 방면으

로 침범하려 한다는 정보가 있었기 때문이다.**2**

- 일본 수군의 전선이 숨어 있을 만한 곳을 철저히 수색하면서 기동하였으므로 적선에 의해 역포위되는 위험을 배제하였다.

- 전투 상황이 불리함을 신속히 파악하여 퇴각 명령을 내림으로써 패배의 위험에서 벗어났다.

- 새벽 4시에 여수를 출항하여 함대 이동을 은폐했고, 사천 선창으로 접근 시 주변 정세를 사전에 충분히 파악하였다.

- 이억기 함대가 도착하기 전이었지만, 공격 시기를 놓치면 자칫 전라도와 서해 바다를 적에게 빼앗겨 전황 전체가 크나큰 위험에 빠질 수 있었기 때문에 출전 시기를 앞당겼다.

조달 관리

- 경상우수군의 판옥선 3척과 전라우수영의 판옥선 25척이 통합 작전을 수행하였다.

- 처음에는 전라우수영의 함대와 힘을 합쳐 출전하려고 하였으나 세력의 과다보다는 시간의 절박성을 먼저 생각한 전략적 판단으로 전라좌수영의 함대만 이끌고 긴급히 출전하였다(이억기 함대는 당항포해전부터 참여하였다).

이해관계자 관리

- 전라우수군과 함께 출정하려 하였으나, 원균의 긴급한 요청으로 이 억기에게는 뒤따라오라는 공문으로 남기고, 전라좌수군과 경상우수군이 합동으로 사천해전을 수행하였다.
- 거북선이 첫 출전한 전투이므로 귀선의 선장인 이기남과 이언량은 적의 지휘선을 집중 공략하여 적의 지휘 체계를 조기에 무력화시켰다.

통합 관리

- 5월 29일 새벽 4시에 출전하여 6월 10일 귀영하기까지의 전체 일정, 파견 규모 등의 계획을 구상하여 추진하되, 매일매일의 상황을 반영하여 즉각적으로 대응할 수 있는 융통성 있는 계획을 수립하였다.
- 함대가 1회 출전할 때의 식량, 물자 등의 보관이나 운송, 병사들의 피로도 등을 고려해볼 때 1주일에서 10일 정도가 적절할 것으로 판단하여 전체 일정을 수립하였다.
- 최초 전투 시는 높은 언덕에 진을 쳐 유리한 고지를 점령한 일본군이 빗발치듯 조총을 쏘아대고 또 물때가 판옥선이 접근할 수 없는 썰물이라 1리쯤 후퇴하는 유인 작전을 썼으나 적이 말려들지 않았다. 하지만 물때가 밀물로 바뀌면서 선창에 매여 있는 적 대선 12척에 접근할 수 있게 됨에 따라 먼저 거북선을 돌격시키고 잇따라 판

옥선을 번갈아 진격시키는 작전을 썼다. 이순신의 판단은 옳았다. 거북선이 각종 함재 화포를 적선과 선창의 적에게 맹렬히 발사하자 일본군은 커다란 타격을 입고 도망치기 시작하였다.

- 거북선에 이어 이순신의 배가 함대의 선두에 나서서 적선을 향해 돌격하자 다른 함선들도 뒤따랐고, 우리 함대에서 발사된 포탄, 철환, 피령전(화포로 쏘는 화살), 화전(불을 붙여 쏘는 화살) 등의 각종 화포와 병사들이 쏘는 크고 작은 화살들이 적에게 엄청난 타격을 입혔던 것이다.

- 무수한 사상자가 발생한 일본군은 부상자를 간신히 부축하여 높은 언덕 위로 도망쳐 진을 치고는 감히 싸울 엄두를 내지 못했는데, 이에 이순신은 적선 2척만 남겨 두고 나머지 적선 전부를 파괴하거나 불태웠다.

- 이순신이 일본군의 전선 2척을 남겨 둔 까닭은, 적들이 육지로 올라가면 결국 우리 양민을 학살하거나 분탕질할 것이 분명하므로, 남겨 둔 2척을 타고 도주하도록 유도하여 패잔병 전부를 일망타진하기 위함이었다.

- 사천해전의 전과로는 적의 누각대선 12척과 적 척후대선 1척을 격파하거나 불태웠으며, 1척당 평균 200명이 탑승했을 것으로 간주하면 약 2,600여 명을 살상한 것으로 추측할 수 있다.

- 이 해전에 거북선을 처음으로 출전시켜 실전에서 돌격선으로서의 전투력을 검증하였다.

5

사천해전에서는 어떻게 프로젝트를 통제하고, 종료했을까?

사천해전에서 수행한 프로젝트 통제 및 종료와 관련된 활동들을 간략하게 분석해보자.

프로젝트 통제

- 프로젝트 상황은 많은 변수에 의해 바뀔 수 있다. 이순신 함대의 2차 출전은 당초 6월 4일경으로 계획되어 있었는데, 원균의 급작스런 요청에 따라 불가피하게 5월 29일로 앞당긴 것도 프로젝트 통제에 따라 일정을 변경한 것이라 볼 수 있다.

- 또 전투 시에도 이순신은 물때와 지형의 불리함 때문에 1차 공격이 제대로 이루어지지 않자 1리쯤 후퇴하는 유인 작전을 썼고, 그런 불리한 조건이 바뀌자 다시 거북선을 중심으로 근접 공격을 감행함으로써 압도적으로 승리하게 된 것도 적절하게 통제 단계를 수행한 것이라 볼 수 있다.

프로젝트 종료

- 거북선이 최초로 출전한 사천해전을 승리로 이끌고, 이어서 당포해전, 당항포해전 및 율포해전을 승리로 이끈 이순신은 6월 10일 이른 새벽에 당포를 출항하여 미조항에 이르러 통합함대를 해체하고 전라좌수영으로 돌아옴으로써 프로젝트를 종료하였다.

- 이순신은 전라좌수영에 복귀한 후 '당포파왜병장'이라는 제목으로 한자 6,000여 글자의 장계를 6월 14일 조정에 올렸다[당시 평양성에 머물고 있던 선조는 이 승첩 보고를 받고 이순신을 가선대부(종2품)로 높여주었고, 휘하 장수들의 벼슬도 높여주었다].

- 이순신은 전쟁에 참여한 병사 가운데 전사자 및 부상자를 맨 먼저 돌보았다. 〈당포파왜병장〉의 장계에는 "…(전략)… 그들은 탄환을 무릅쓰고 죽을 각오로 나아가 싸우다가 혹은 죽고 혹은 부상당하였으므로, 죽은 사람의 시체는 각기 그 장수를 시켜 작은 배에 실어서 고향으로 보내 장사 지내게 하고, 그 처자는 구제하는 법대로 시행하도록 하였으며, 중상에 이르지 않은 사람들에게는 약품을 나누어 주고 충분히 치료해 줄 것을 엄하게 지시했습니다.
여러 장수에게는 한 번의 승리로 방심하지 말고 군사들을 위로하며 위급한 사태가 발생하는 대로 즉시 달려가되, 그와 같은 자세를 한결 같이 유지할 것을 지시한 후 진을 파했습니다. …(후략)…"라고 되어 있다.

● 이상과 같은 이순신의 마무리는 마치 우리가 제1장 이론 부분에서 살펴본 프로젝트 종료의 매뉴얼을 보고 따라한 듯한 착각이 들 정도로 완벽한 것이었다.

6

이순신의 사천해전에서 배우는 프로젝트 기획 : 성공 키워드 5가지

이제까지 사천해전을 프로젝트 관리의 두 번째 단계인 프로젝트 기획이라는 관점에서 살펴보았다. 이순신의 프로젝트 관리 중 프로젝트 기획의 성공 키워드 5가지는 다음과 같다.

❶ 기획 프로세스 그룹에는 전체 42개 프로세스 가운데 20개가 들어 있어 다섯 단계 중 가장 많고, 또 9가지 지식 영역을 모두 반영해야 한다. 이는 프로젝트 수행에 있어서 계획 수립을 얼마나 비중 있게 다루어야 하는지를 잘 보여주고 있다. 1차전이 끝나고 본영으로 귀환한 이순신은 그동안의 전투 경험을 바탕으로 전술 연구, 훈련, 무기 정비 등 전투 준비에 심혈을 기울이는 한편, 다음 출전을 위해 계획 수립에 필요한 각종 준비를 꾸준히 갖추었음을 볼 수 있다. 그리고 일본군의 전선 500여 척에 비해 절대적으로 부족한 수적 열세를 보완하기 위해 피나는 전술 연마와 함께 전라우수영 이억기 함대와의 통합 작전을

구상하였다.

❷ 함포전, 수급 금지, 적함선 격침 등 초기에 적용했던 작전을 재평가하였을 것이며, 특히 비책의 무기로 건조된 거북선을 어떻게 융통성 있게 활용할 것인지에 대해 최초 투입 시기, 이동 및 공격 시 진형 형성 방법, 전술적 활용 방법 등을 연구하였다.

- 사천해전에서도 처음부터 사용하지 않고 재공격할 때에 이르러서야 선두에 내세움으로써 전술적 효과를 극대화하였다.
- 적진 깊숙이 포진한 적의 지휘선 공격 방안을 마련하였다.
- 돌격함으로서의 견고성, 기동성 및 조총 방어 능력을 갖추었다.

❸ 적정에 대한 정보 수집 및 수로 정보 획득을 위해 체계적인 준비를 갖추었다.

- 사천 선창의 접근로에 대한 충분한 정보를 사전에 획득하였다.
- 이동 시 적함 기습에 대비하고, 전투 시 후방에서 협공당하는 것을 방지하기 위해 첩보선을 활용하는 등 위험 감소 계획을 세웠다.

❹ 본인이 직접 조총에 부상을 입을 정도로 솔선수범하였으며, 2개 함대와 통합 작전을 원활히 수행하기 위해 전술 토의, 신호 체계 수

립 등 합동 전술을 꾸준히 발전시켰음을 알 수 있고, 특히 군기 확립과 정신 전력 강화를 통한 인적자원 관리에 주력하였음을 알 수 있다.

❺ 출항할 때는 항상 새벽 또는 야간을 이용하여 함대 이동을 은폐하였고, 당일의 정보와 작전, 기상에 따라 융통성 있게 조정해 나갔으며, 작전 수행 기간, 탄약 및 군수물자 보유량, 병사들의 피로도 등을 고려하여 전체 일정을 수립하는 등 통합 계획 수립에 필요한 프로젝트 관리 지식 체계와 거의 동일하게 검토하여 수행하였다.

프로젝트와 거북선
: 거북선, 프로젝트 성공을 위한 이순신의 도전

이순신이 전라좌수사로 부임한 후 1년 여 동안 공을 들인 작품은 거북선이었다. 이순신은 일본 전선의 강·약점을 파악하고 이를 격퇴시킬 수 있는 전함을 연구하여 마침내 거북선을 최종 완성하였던 것이다. 이순신이 임진왜란 발발 직전에 거북선의 시험 사격까지 완료한 것을 보면 사전에 철저한 준비를 하였음을 알 수 있다. 장계인 〈당포파왜병장〉을 보면 "…(전략)… 신이 일찍이 왜적의 난리가 있을 것을 걱정하여 특별히 거북선을 만들었는데, 앞에는 용머리를 붙여 그 입으로 대포를 쏘고, 등에는 쇠못을 꽂았으며, 안에서는 밖을 내다 볼 수 있으나 밖에서는 안을 볼 수 없고, 비록 적선 수백 척 속이라도 뚫고 들어가 대포를 쏘게 되는데, 이번 길에는 돌격장이 타고 나왔습니다. 그래서 먼저 거북선에 명령하여 적 함대 속으로 돌진해 들어가 천자·지자·현자·황자 등 각종의 대포를 쏘게 했습니다. …(후략)…"라고 쓰여 있다.

태종실록에 보면 태종 13년(1413년)에 "왕이 거북선의 훈련하는 모습을 지켜보았고, 좀 더 튼튼하게 만들도록 명령했다"는 내용이 언급되어 있다. 세종은 후세를 위해 〈총통등록〉이라는 화포에 관한 책자를 발간하였는데, 이순신은 이를 참조하여 거북선을 만들었던 것이다. 또 이순신은 류성룡이 보낸 〈증손전수방략〉을 연구하면서 거북선 운영 전략을 새롭게 창안해냈다고 볼 수 있다.

거북선은 특히 등에 쇠못을 박아놓아 일본군의 강점인 등선육박전술을 원천적으로 봉쇄하였으며, 안에서는 밖을 내다볼 수 있지만 밖에서는 안을 들여다 볼 수 없으므로 우리 병사들의 위치가 노출되지 않아 일본군이 우리 병사들의 위치를 쉽게 파악하기가 어려웠다. 또 거북선은 돌격선으로 적함 속으로 뚫고 들어가 각종 화포를 발사하여 적의 진형을 교란시키는 데 큰 역할을 수행하였다.

이순신은 임진왜란이라는 프로젝트를 수행하기 전에 승리를 위한 전제 조건으로 거북선을 건조함으로써, 이겨놓고 수행하는 프로젝트를 진행했다고 볼 수 있다. 거북선 제작을 위한 선왕들의 연구물들을 수집하고, 나대용을 발탁하여 거북선 제작 및 연구를 수행하였으며, 전쟁 발발 전에 핵심 무기의 해상 시험까지 끝낸 것 등을 고려해볼 때 프로젝트 관리에 있어 가히 달인의 경지에 올랐다고 볼 수 있다.

미래의 불확실성과 위기에 대비하여, 오늘날의 프로젝트 매니저들은 거북선을 얼마나 응용하고 있을까?

■

2장

임진왜란 최고의 해전, 한산도해전

한산도해전,
조선 수군의 승리를 예감하다

임진왜란에서 최고의 해전이라고 할 수 있는 한산도해전의 해전도
와 경과를 정리하면 다음과 같다.

해전도

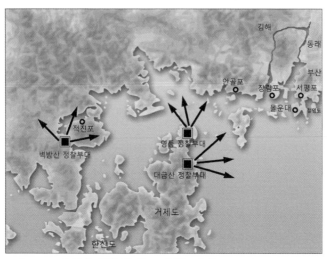

그림 2-3 **이순신의 정찰부대 배치도_한산도해전**(1592. 7. 8.)

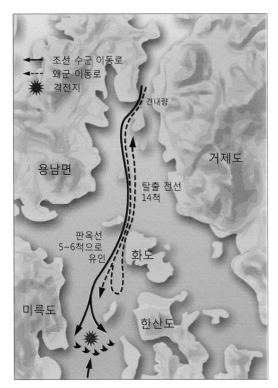

그림 2-4 **이순신 함대의 한산도해전도**(3차 출전, 1592. 7. 8.)

경과(1592년)

A. 일본 측

해전에서 계속 패배하였다는 소식을 접한 토요토미 히데요시는 육전에 참가 중이던 와키사카 야스하루, 구키 요시타카, 가토 요시아키 등에게 속히 남하하여 조선 수군과 대결할 준비를 하도록 명령했다.

6월 23일

토요토미 히데요시는 조선 수군을 격퇴하여 해상 보급로를 확보하기 위해 6월 중순 이후 부산에서 준비 중이던 세 장수에게 일전을 펼치라는 명령을 내렸다.

7월 6일

먼저 전투 태세를 갖춘 와키사카 야스하루는 김해를 따라 단독으로 출전을 감행했는데, 대선 36척, 중선 24척, 소선 13척 등 73척의 전선으로 지금까지 해전에 참가한 일본 함대 가운데 가장 큰 세력을 형성하였다.

B. 조선 측

6월 10일

이순신은 제2차 출전 종료 후 본영으로 귀환하여 전선을 정비하는 등 다음 해전을 준비하면서 경상도 해역 일본 수군의 동태를 탐색했다. "가덕, 거제 등지에 일본군선 10여 척 내지 30여 척이 출몰한다", "전라도 금산 지경에도 일본군이 다가와 수륙으로 침범할 조짐이 있다"는 정보를 입수했다. 이에 이순신은 적이 수군과 육군으로 나뉘어 전라도를 침범하려 할 것으로 판단하고 7월 6일을 제3차 출전일로 결정했다.

7월 4일

이억기 함대가 좌수영에서 이순신 함대와 합류하였다(이순신 함대 전선 24척, 이억기 함대 전선 25척).

7월 5일

통합함대는 작전 계획을 논의하고, 기동 훈련을 실시하였다.

7월 6일

좌수영에서 출항, 노량에 도착하여 원균 함대의 전선 7척과 합류, 진주 창신도에서 하루를 머물렀다. 일본 함대는 크고 작은 전선이 73여 척이었고, 조선 함대는 전선 56척, 거북선 3척뿐이어서 세력을 비교하면 전함 수는 열세이지만 조선의 통합함대가 대선인 전선이 많았다.

7월 7일

동풍이 세게 불어 항해하지 못했고, 날이 저물 무렵 고성땅 당포에 도착하여 조선 수군이 나무하고 물을 긷고 있는데, 피란하여 산으로 올랐던 그 섬의 목동 김천손이 달려와 "일본군선 70여 척이 오늘 오후 2시쯤 영등포 앞바다를 지나 고성과 거제도의 경계인 견내량에 머물고 있다"는 중요한 정보를 알려주었다.

7월 8일

- 이순신은 아침 일찍 일본 함대가 있는 곳으로 출발하였다. 견내량 근처 바다에서 일본의 척후선으로 보이는 대선 1척과 중선 1척이 우리 함대를 염탐하고는 본대가 있는 포구 쪽으로 들어가므로, 통합함대는 이를 추격하여 일본 함대가 있는 곳까지 도달하였다. 첩보의 내용대로 대소 70여 척이 대열을 이루고 있었다.

- 견내량 해역은 수심이 얕고, 암초가 많아 대형 선박이 항해하기 어려운 긴 해협으로 최소 폭 180m, 최소 수심 2.8m, 수로의 길이는 4km 정도이다. 당일 조류는 0.5노트 이하로 해전에 영향을 미치지 않는 범위였다.

- 판옥선이 자유롭게 운행할 수 없고, 암초에 부딪쳐 파손될 우려가 있으며, 싸우다가 적이 다급해지면 육지로 상륙하기 쉬운 점을 고려하여 넓은 바다로 유인하는 전술을 구사할 계획을 세웠다. 즉, 이순신은 적을 완전히 섬멸해 버리기 위해 적 함대를 광활한 한산도 앞바다로 유인하여 일망타진할 작전을 세웠던 것이다.

- 판옥선 5~6척을 투입하여 일본 함대의 선봉과 전투하다가 거짓으로 도망하는 척 물러나 돌아나오니, 일본 함대가 돛을 펴고 계속 추격해 왔다.

- 이순신은 한산도 앞의 넓은 바다에 도달하자 모든 장수들에게 일시에 선회하여 학익진(鶴翼陣)을 형성하면서 공격할 것을 명령했다. 주변 만과 섬 뒤에 숨어 있는 조선 수군이 순식간에 합류, 학익진을

형성했다. 그리고 양날개에는 거북선을 배치했다. 2척의 거북선은 학익진의 포위 함대 대형에서 제일 먼저 돌출하여 적 함대 속으로 돌격, 적의 지휘함에 접근하여 일대 파괴전을 감행했다. 다른 전선들도 지자·현자·승자 등과 같은 총통을 일시에 발사하여 일본군선 2~3척을 단번에 격파하자 일본군은 사기가 꺾여 도망하려 하였다.

- 이에 통합함대가 일시에 포위 공격을 펼치고 서로 앞을 다투어 돌진하면서 화살과 화전을 잇달아 쏘아대니 일본 함대는 제대로 도망하지도 못하고 대부분의 전선이 침몰하는 참패를 당했다. 이순신은 이를 "장수들과 군사들이 승기를 타고 서로 다투어 돌진하며 철환과 화살 발사하기를 폭풍우와 우레와 같이 하여 적선을 불사르고 적병을 사살하는 것을 일시에 모두 다 해버렸다" **❸**고 기록하였다.

한산도해전의 전과 및 성공 포인트 분석

한산도해전에서 조선 수군의 전과와 일본 수군의 피해를 정리해보고, 이순신 제독이 승리할 수밖에 없었던 성공 포인트와 전략적 의의를 살펴보자.

전과 및 피해

- 전과 : 대선 35척, 중선 17척, 소선 7척 등 59척 격파(대선 1척, 중선 7척 등 14척이 겨우 탈출했음.)
- 지휘관인 와키사카 야스하루는 구사일생으로 도주했으나 와키사카 사베에, 와타나베 시치에몬은 전사, 선장 마나베 사마노조는 한산도로 상륙했다가 할복 자결
- 일본 수군의 피해 : 약 9,000여 명 전사
- 아군의 피해 : 2명 전사, 5명 부상

성공 포인트 분석

● 이순신은 어떻게 하면 상대적 전력 우세 상황으로 대규모 해전을 전개해 나갈 수 있는지를 깊이 연구하였다. 즉, 아군이 유리한 위치를 점할 수 있도록 적을 유도하고 일시에 전력을 집중하여 적을 격파하는 전술을 개발했던 것이다. 이순신은 이 큰 전투를 앞에 두고 이길 수 있는 모든 준비를 갖추어 놓은 후에 싸웠다고 할 수 있다. 적을 아군에게 유리한 곳으로 유인하는 고도의 심리전, 섬들과 만 속에 함대를 감추었다가 일시에 일사불란하게 형성하는 학익진, 적의 등선육박전술을 무력화하면서 지휘선에 돌진하여 순식간에 지휘 중심을 무너뜨리는 거북선, 그리고 우세한 화력을 지닌 각종 화포를 동원한 함포전 등의 전술을 통하여 승리를 보장했던 것이다.

● 이순신은 그동안의 피나는 훈련을 통해 휘하 장수와 병사들을 조련하여 어떤 전투에서도 학익진을 단시간에 흐트러짐 없이 형성할 수 있게 만들었다. 그리고 이와 같이 잘 준비된 기동 전술은 모든 병사들의 사기를 고취시켰고, 언제나 승리할 수 있다는 자신감을 북돋아주었다. 이순신은 모진 훈련을 잘 견디고 따라와 준 병사들을 깊이 사랑하고 신뢰하였고, 병사들은 전투에서 단 한 명의 목숨도 가벼이 여기지 않는 이순신을 어버이처럼 믿고 따랐다. 이렇게 혼연일체가 된 함대는 승리할 수밖에 없었다. 그리고 남해 다도해는 학익진 전술을 펼치는 데 최적의 장소였다.

전략적 의의

● 첫째, 해전사적인 의의이다. 전술적으로는 유인 작전과 함께 고도의
함대 대형 운용술인 학익진으로 적 함대를 공격했다는 점, 그리고
압도적인 화력으로 일본 수군을 대표하는 와키사카 야스하루의 함
대와 구키, 가토의 함대를 연파한 점 등 해전 그 자체에 큰 의의가
있다 하겠다. 이 한산도해전의 패배로 말미암아 일본은 해전 자체를
포기하게 된다.

　　이 해전의 승리는 그때까지 육지에서 계속된 패전으로 사기
가 저하되어 있던 조선 수군에게 승리할 수 있다는 자신감을 심어
주었고, 결국 남해안 일대의 제해권을 차지하게 되었다.

● 둘째, 임진왜란 전체의 전쟁 흐름에 영향을 끼쳤다. 이는 류성룡이
〈징비록〉에서 이 해전의 의의에 대해 "이순신이 한산대첩을 거두어
일본의 수륙병진전략을 분쇄하였고, 더 나아가 전라도와 충청도가
보전되어 이를 바탕으로 조선이 중흥을 이룰 수 있었다"고 높이 평
가했던 것을 통해 확인할 수 있다.

　　반면에 일본인 학자 아리마 세이호는 이 해전이 단지 일본의
일개 함대가 격파되었을 뿐 전쟁 전체에 미친 영향은 미미했으며,
반대로 정유재란 때의 칠천량해전에서 일본이 승리를 거둘 수 있는
밑거름이 되었다는 왜곡된 평가를 하였다.

　　그러나 한산대첩과 안골포해전에서 일본을 대표하는 수군 장

수들이 모두 대패함으로써 토요토미 히데요시는 일본 수군에게 '해전 금지'의 명령을 내리고 해안에 축성하도록 하는 등 전략 변화를 가져온 것은 틀림없는 사실이다. 그리고 일본 수군은 이 명령에 따라 이후 조선 수군과의 해전을 회피하는 전술로 일관하였다.

3

한산도해전에서는 프로젝트 착수를 어떻게 했을까?

한산도해전에서의 프로젝트 착수는 프로젝트 헌장 개발과 이해관계자 식별이라는 프로세스를 분석하였다.

프로젝트 헌장 개발

한산도해전은 이순신의 임진년(1592년) 3차 출전(7월 6일~13일)의 첫 전투로서, 초기 조선 육군의 패배를 만회하고 일본군의 전략 전술을 수정하게 만든 획기적인 성과를 이룬 전투였다. 이순신은 2차 출전에서 돌아온 후 육지의 주요한 위치에 탐망대를 설치하고 여러 섬에 탐망선을 두어 적의 동태를 수시로 보고받았다. 이순신은 적선 10여 척 또는 30여 척이 경상도의 가덕도, 거제도 등지의 연해안과 도서 지방에 출몰한다는 보고를 받았고, 또 금산에 적 3만 대군이 집결하고 있다는 것을 포함하여 "적이 수군과 육군으로 나누어 전라도를 침범하려 한다"는 정보를 입수하고 7월 6일을 3차 출전일로 잡았으며, 이제 이순신

은 독자적으로 일본군을 쳐부수기 위한 프로젝트를 구상하고 실천에 옮길 수 있었다.[4]

한산도해전이 이전의 해전과 다른 점은 이순신의 2차 출전까지 연패를 당한 일본군이 수군을 부산에 집결시키고 이순신 함대를 찾아 격퇴하라는 명령을 받아 출전한 첫 번째 해전이었다는 점과 이제까지 선창에 정박해 있던 적함을 무찌른 것이 아니라 기동함대와 기동함대 간의 격돌이라는 점에서 이 프로젝트를 착수한 것은 역사적으로나 전쟁의 흐름에서 모두 매우 의미 있는 일이라고 할 수 있다.

말하자면 일본 함대가 이순신 함대를 찾아 격멸하겠다고 나선 상황에서 일어난 전투이며, 이순신 함대 측에서는 수세적 상황에서 전개된 해전이라 할 수 있다.

이해관계자 식별

한산도해전의 경우에는 2차 출전에 참전했던 참모들(중위장 순천부사 권준 외 20명)이 대거 참여했고, 전라좌수영 산하 주요 수군정박처인 방답의 거북선이 새로이 참전함에 따라 우귀선 돌격장이 새로 임명된 것과 몇몇 참모들의 역할 변경 및 교체와 추가가 있었다. 전라우수영의 이억기 함대는 이번 해전부터는 출전 전에 전라좌수영에 당도하여 기동 훈련을 실시하였으며, 경상우수영의 원균 함대는 노량에서 만나 이순신 함대와 합류하게 되었다.

일본군의 장수들 중 와키사카 야스하루, 쿠기 요시니카, 가토 요시아끼는 서울을 점령하고 있었는데 남해안으로 이동하여 조선 수군을 격퇴하고 해상 보급로를 확보하라는 히데요시의 명령을 받고 6월 7일 경에 서울을 출발하여 6월 14일에 부산에 도착하였다. 그중에서 와키사카는 견내량에, 쿠기와 가토는 안골포에 정박했다.

한산도해전에서는 어떻게 프로젝트를 기획하고, 실행했을까?

4

기획 및 실행 단계에서는 프로젝트 범위 관리에서 통합 관리까지 관리 전반을 다루고 있으며, 특히 한산도해전에서는 학익진 기법을 어떻게 활용할 것인지에 대해 사전 계획을 수립하고 실행하였다.

범위 관리

- 1~2차전 해전의 승리로 인해 자신감이 충만해 있었던 이순신 함대는 3차로 출전(7월 6일~13일)하며 여수에서 가덕도까지를 작전 범위로 잡았는데, 한산도 근해에서 대규모 적과 조우하게 되었다.
- 7월 8일에 발발한 한산도해전은 견내량에서 정박하고 있는 적선들을 한산도 앞의 넓은 바다로 유인하여 전투를 벌인 것이었다.

시간 관리

- 전라좌수영에서 7월 6일 출전한 이순신은 노량에 도착하여 원균의 전선 7척과 합류하였다.
- 7월 7일 당포에서 적이 견내량에 있다는 보고를 받고 적을 섬멸하기 위한 세부적인 일정 계획을 수립했다.
- 7월 8일 이른 아침에 이순신이 통합함대를 이끌고 적 수군이 정박하고 있다는 견내량을 향해 진격하였다.
- 유리한 시간과 장소를 선점하기 위해 적정을 파악하고 적진을 향해 기동함으로써 시간 관리 계획을 아군에 유리하도록 운용했다.
- 7월 6일에서 7월 13일까지의 3차 출전 기간 가운데 한산도해전은 7월 8일에 발생하였고, 이후 안골포해전을 거쳐 몰운대까지 나아가 함대의 위력을 시위하는 등 전체 일정을 체계적으로 관리하였다.

원가 관리

- 전라좌수영 판옥선 24척(거북선 2척 포함), 경상우수영 판옥선 7척(파손된 판옥선을 보수하여 보강), 전라우수영 판옥선 25척으로 총 56척의 전선을 갖추었다.
- 일본군은 대선 36척, 중선 24척, 소선 13척으로 총 73척이었다.
- 일본 수군의 전선이 많을 것을 예상한 이순신은 동원할 수 있는 모

든 세력을 동원하여 통합함대를 구성했다. 즉, 대형 전투를 위해 자원을 총동원한 것이다.

- 일본군의 대선 35척, 중선 17척, 소선 7척 등 총 59척이 파괴되었고, 부장 와키사카 사베에와 와타나베 시치에몬이 전사하였으며, 선장 마나베 사마노조가 할복 자결하는 등 일본 수군 약 9,000여 명이 전사한 것으로 추정된다.
- 아군은 2명이 전사하고 5명이 부상을 입었다.

품질 관리

- 학익진으로 포위하여 그 중심에 순간적인 화력을 집중함으로써 적의 지휘선을 파괴하고 통솔력을 마비시켰다.
- 학익진, 함포전, 거북선 활용, 유인전 등과 같은 모든 품질 관리 요소를 다 동원했고, 압도적 승리라는 최고의 품질을 산출했다.
- 거북선 전과를 사천해전에서 경험했기 때문에 이번에는 거북선을 2척 출전시켰으며, 돌격선으로서의 파괴력과 신속한 기동력을 십분 활용하여 적의 대장선을 조기에 침몰시켰다.

인적자원 관리

- 가급적이면 2차 출전 때 참여했던 참모들을 중심으로 하되, 필요에

따라 인원을 추가로 투입하거나 일부를 교체하였다.

- 다도해의 지형적인 특징을 잘 활용하여 학익진을 펼 수 있는 전술을 개발했을 뿐만 아니라 학익진을 유지하려면 날개 끝부분에 거북선을 배치해야만 한다는 것을 간파하여 이를 참모들에게 설득시켰다.

- 초기부터 이억기 함대와 해상 통합 훈련을 통한 팀워크를 강화하였고, 원균의 참모진과의 지속적인 작전 회의를 통해 함대 전체의 역할 분장을 명확히 함으로써 학익진을 성공적으로 수행할 수 있었다.

의사소통 관리

- 한산도해전 승리의 원동력이 된 중요한 요인 가운데 하나는 적정을 정확하게 탐지하고 이를 보고하는 체계를 정비하였다는 점이다.

- 거북선과 판옥선과의 협업을 위한 작전 회의를 여러 차례 수행하였다.

- 7월 4일 전라좌수영에 도착한 이억기 함대는 다음 날인 7월 5일에 전라좌수영과 통합 작전 훈련을 하면서 학익진법이나 돌격 시의 함대 구성 및 신호 체계를 정비하였을 것이다.

- 적을 유도해 오는 우리 척후선이 일정한 거리까지 접근했을 때, 함선들이 일시에 학의 날개 모양으로 대형을 펼치면서 거리를 유지하는 데 필요한 연락 방법을 수차례 연습하였다.

- 출전 전과 이동 중간에 지속적인 참모 회의를 통해 의사소통 체계를 구축하였다.

리스크 관리

● 7월 7일 통합함대가 당포에 이르자 산 위로 피란을 갔던 목동 김천손이
함대로 달려와서 적정을 보고하기를 적의 대·중·소선 70여 척이 이날
오후 2시경에 견내량에 정박해 있다고 하였다. 이순신은 견내량의 적으
로부터 공격받기 전에 아군이 먼저 적을 기습하여 위험을 관리했다.

● 적의 동태를 세밀히 관찰하기 위해 탐망선을 배치하고 수집된 정보
를 신속하게 보고하도록 하였으며, 입수된 정보를 바탕으로 발생할
리스크에 대한 대비를 철저히 하였다.

조달 관리

● 경상우수군의 판옥선 7척과 전라우수영의 판옥선 25척을 규합하여
통합 작전을 수행하였다.

● 한산도해전은 초기부터 전라우수영의 이억기 함대가 동참했고, 노
량에서 원균 함대가 참여함으로써 통합함대로서의 위용을 갖춘 후
에 임한 전투였다고 평가할 수 있다.

이해관계자 관리

● 전라우수군 이억기 함대와 전라좌수군 이순신 함대는 출전하기 전

에 이미 전략과 전술을 함께 연구하고, 실제 해상훈련까지 수행하여 합동 함대로서의 위상과 조직력을 갖췄다.

- 이순신은 남해도 일대에 많은 정찰부대를 운영하였고, 적의 동태를 정확하게 파악하기 위해 노력하였다. 이런 이순신의 첩보 활동과 더불어 민간인들도 첩보에 기여하였다. 특히 한산도해전에서는 목동 김천손이 견내량에 주둔하고 있는 일본 수군의 위치와 규모를 정확하게 알려줬고, 이 정보를 활용하여 한산도 앞바다에서 학익진으로 대승을 거두게 되었다.

통합 관리

- 노량에서 원균 함대와 합류한 이순신 함대는 모든 장수들과 같이 전략을 논의하고 부대의 이동, 전략과 전술, 연락책 등을 다시 한 번 확인하였다.
- 원균 함대와 함께 정보 수집, 지휘권 통합 등 전술 분야를 통합적으로 운용하였다.
- 이순신 함대가 일본군의 척후선 2척을 추격해서 견내량 남단 입구에 도착해보니, 적의 대선 36척, 중선 24척, 소선 13척(총 73척)이 견내량 북쪽 덕호리 주변에 정박해 있는 것을 발견했는데, 견내량의 내해는 수심이 얕고 암초가 많아 대형 선박 간의 해전에 적합하지 않을 뿐만 아니라 적군이 다급해지면 육지로 상륙해서 도주할 수

있을 것으로 판단되어 적 함대를 한산도 앞 넓은 바다로 유인하여 전투를 치르기로 작전 계획을 수립하였다.

- 판옥선 5~6척으로 적의 척후선을 쫓아가서 적을 치는 것처럼 한 후, 거짓으로 도망치면서 적을 한산도 앞바다로 유인하였고, 넓은 바다로 왔을 때 뱃머리를 돌림과 동시에 섬과 만에 매복해 있던 아군 함선들이 포위에 가담하여 학익진을 구사하였다.

- 먼저 돌격선인 거북선이 적선 사이를 휘젓고 다니면서 총통을 발사 하여 적선 2~3척을 파손하고, 모든 적선이 기가 꺾여 도망치려 할 때 함대가 화살과 탄환을 발사하여 적선을 불태우고 침몰시키니 적 함대는 일시에 거의 사라져 버렸다.

- 한산도해전의 상황을 일본 측에서 기록한 내용을 보면 다음과 같다.
"때마침 수로(견내량) 속으로 조선 배 4~5척이 오는 것을 보고 철포 를 쏘며 반시간쯤 추격하자 조선 배가 조금씩 물러나는 것을 짬을 주지 않고 공격하여 3리(우리의 30리)쯤 추격했다. 조선 배는 수로를 지나 넓은 바다에 이르자 일시에 뱃머리를 돌려 키 모양의 함대형 을 취한 뒤 우군의 배를 포위하고 들락날락하면서 우군의 배를 치 니 사상자가 많이 나왔다. 적은 큰 배이며 우군은 작은 배였으므로 견뎌 낼 수 없어서 먼저의 좁은 수로로 후퇴하려 할 때 적의 번선(판 옥선)이 마구 달려들어 우군의 배에 불화살을 던졌으므로 순식간에 배가 타는 사이, 와키사카는 노가 많은 빠른 배에 탔으므로 도망칠 수 있었다." **5**

한산도해전에서는 어떻게 프로젝트를 통제하고, 종료했을까?

5

한산도해전에서 수행한 프로젝트 통제 및 종료와 관련된 활동들을 간략하게 분석해 보자.

프로젝트 통제

- 7월 7일 통합함대가 당포에서 김천손으로부터 적선 70여 척이 견내 량에 정박해 있다는 정보를 입수하자 즉각적으로 적을 섬멸하기 위 해 일정을 당겨서 바로 해전을 치르기로 하고 다음 날 바로 한산도 로 이동하였다.

프로젝트 종료

- 한산도해전은 여러 가지 전략적인 의의를 담고 있다.

  첫째, 일본군의 최정예 수군인 와키사카를 한산도해전에서,

쿠기와 가토를 안골포해전에서 전멸시킴으로써 일본이 서해안을 통해 한양으로 군수품을 조달하려던 계획을 수포로 돌아가게 하여 결국 일본군의 북진 속도를 늦추는 결과를 초래하였다.

둘째, 일본군이 조선의 군량미를 조달하는 전라도를 점령하기 위해 육군과 해군의 통합 작전을 전개하려던 계획에 차질을 가져왔다.

셋째, 이순신의 한산도해전 승리 소식은 의병, 승병 등의 자발적인 군사들을 일으켜 일본군의 수송로를 차단하고 예측할 수 없는 게릴라전을 전개하는 데 힘을 보탰다.

- 이순신은 전라좌수영에 복귀한 후 '견내량파왜병장'이라는 제목으로 한자 3,000여 자의 장계를 7월 15일 조정에 올렸다.
- 이순신은 7월 13일에 한산도에서 통합함대를 해체하고 귀환하였다.

이순신의 한산도해전에서 배우는 프로젝트 기획 : 성공 키워드 4가지

6

이제까지 한산도해전을 프로젝트 관리의 두 번째 단계인 프로젝트 기획이라는 관점에서 살펴보았다. 이순신의 프로젝트 관리 중 프로젝트 기획의 성공 키워드 4가지는 다음과 같다.

❶ 대규모 전투에서 어떻게 상대적 전력 우세를 유지하여 적의 주력함에 화력을 집중할 수 있겠는가? 어떻게 하면 다도해의 많은 만과 섬 등 지형의 이점을 이용하고 유리한 장소와 시간을 주도적으로 선택하여 싸움에 임할 수 있겠는가? 이러한 병법의 기본적 요구에 맞게 한산도해전을 수행하기 위해 이순신은 다음과 같은 치밀한 계획을 수립했다.

● 유인 작전으로 적을 광활한 지역으로 끌어낸다.
● 섬들과 만 속에 함대를 감추었다가 일시에 학익진을 형성한다.

● 함포전을 수행하여 화력을 집중하고 거북선은 적의 지휘선을 집중 공격한다.

이것은 마치 프로젝트 관리 프로세스를 적용하여 거대한 작전을 톱니바퀴처럼 진행하도록 치밀한 계획을 세운 것으로 보인다.

❷ 이순신은 한산도해전에서 프로젝트 관리의 주요 요소인 범위, 원가, 시간, 품질, 리스크 관리를 중심으로 하여 이를 작전술과 연계시키고, 나머지 요소들인 인적자원, 의사소통 등을 정확히 분석, 적용하여 완벽한 통합 관리 계획을 수립하였다. 이는 이순신이 프로젝트 계획 수립에 있어 최고의 수준에 도달하였다고 볼 수 있다.

❸ 육전에서 사용하는 진법인 학익진을 해전에 응용하는 창의와 지혜를 발휘했으며, 거북선을 진형의 양쪽 끝부분에 배치함으로써 해상에서의 학익진을 더욱 보강시키는 효과를 얻었다.

❹ 이순신은 실로 이길 수 있는 계획 수립을 사전에 완성했다고 볼 수 있으며, 이는 그가 세운 계획이 얼마나 많은 고뇌와 연구를 거듭한 끝에 나온 산물인지 가늠해볼 수 있게 한다. 오늘날의 프로젝트 관리 전문가들도 계획 수립을 수행함에 있어 과연 충무공 이순신만큼 깊은 연구와 고민 속에서 이 절차를 사용하고 있는지 한번 자문해볼 만하다.

3부

제3법칙_성공한 프로젝트와
실패한 프로젝트, 실행을 비교하라

1장

조선과 조선 수군의 희망이 된 부산포해전

부산포해전,
조선과 조선 수군에게 희망을 주다

1

적의 본거지를 공격하여 조선과 조선 수군에게 희망을 안겨준 부산포해전의 해전도와 경과를 정리하면 다음과 같다.

경과(1592년)

A. 출전 준비

7월 13일

이순신은 3차 출전을 마치고 본영으로 돌아왔다. 여러 정보가 있었으나 그중 일본군이 3개의 부대로 나누어 배를 정비하여 전라도로 향한다는 말은 신빙성이 있었다. 그 3개의 부대 중 2개의 부대는 이미 이순신 함대에 패하여 섬멸되었지만, 아직 살아남은 무리들이 병력을 모아 다시 침범하면 전라좌수영의 함대만으로는 역부족이었다. 그래서 이순신은 전라우수사 이억기에게 "군대를 정비하고 창을 베개 삼아 변란에 대비하고 있다가 다시 통고하는 즉시 수군을 이끌고 달려오라"고

해전도

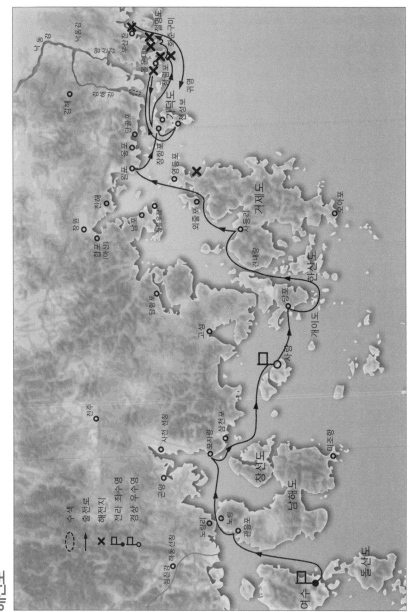

그림 3-1 **이순신 함대의 4차 출전도(부산포해전 : 1592. 8. 24.~9. 2.)**

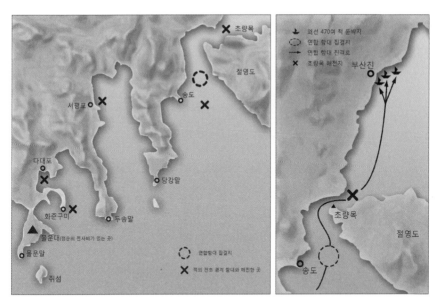

그림 3-2 **이순신 함대의 부산포해전도**(1592. 9. 1.)

약속하고 진을 해체하였다. 이후 적의 본거지인 부산포를 공격하기 위
한 준비를 철저히 하였는데, 전선과 협선을 건조하고 화포를 재정비하
여 사격 훈련을 실시하는 등 전투 준비에 만전을 기하였다.

8월 1일~8월 23일

각도에 가득 찼던 적들이 매일 내려온다 하므로 그들이 도망갈 때
수륙으로 한꺼번에 공격하여 섬멸할 계획을 세웠다. 전라좌·우도의
전선 74척과 협선 92척을 모두 철저하게 정비하고 기동하여 8월 1일 본
영 앞바다에 이르러 진을 치고 수차례 작전 계획을 명확히 하였다. 이

후 전라좌·우도의 수군과 통합 훈련을 맹렬히 실시하였다.

8월 8일

훈련 도중 이순신은 조정으로부터 출전하라는 명령을 받았다. 또 경상우도 순찰사 김수가 "일본군이 양산과 김해 등지로 내려오는데 도 망치려는 것 같다"는 적정 정보를 통보하였다. 그러나 이순신은 통합함 대의 훈련을 중단하지 않고 계속 실시하였다. 당시 일본 수군은 500여 척의 함선에 6~7만 명의 병력이 모여 있었다. 반면, 조선 수군은 전라 좌·우도의 전선 74척과 원균 함대의 7척을 합해 도합 81척으로 조선 의 전선 수가 턱없이 부족하였으므로 이를 맹훈련으로 보완하려 하였 던 것으로 보인다.

8월 24일

마침내 4차 출전을 감행하였다. 목표는 조선 침략의 본거지인 부산 포를 공격하여 적선을 섬멸함으로써 일본 본토와 부산 간 해상 병참 선을 차단하는 것이었다. 부산을 쳐서 적의 본거지와 보급망에 막대한 타격을 입히면 일본군은 더 이상 전선을 확대하지 못할 것이고, 전주 에서 전라좌수영을 위협하는 일본 육군도 함부로 넘보지 못할 것으로 판단하였다. 3차 출전에 비해 전선은 25척을 증강하였고, 탑승 인원수 도 약 1,785명을 늘렸으며, 126문의 화포와 그에 사용할 포탄 및 화약 을 상당량 준비하였다.

B. 이동 과정

8월 24일

오후 4시경 좌수영을 출발, 남해땅 관음포에 닿았고, 자정 무렵 다시 출항하여 사천의 모자랑포에 도착한 후 거기서 정박하였다.

8월 25일

동이 틀 무렵 안개가 끼었으므로 걷히기를 기다려 8시경 출항하였는데, 삼천포 전양에 이르니 평산포만호가 기다리고 있었다. 평산포만호의 안내로 오후 4시경 당포에 도착하여, 이곳에 대기하고 있던 원균과 만났다. 원균 함대의 전선 7척, 협선 7척이 합류하여 통합함대는 전선 81척, 협선 99척으로 총 함선수가 180척에 달했다.

8월 26일

비바람 때문에 출항하지 못하여 전라우수사 이억기, 순천부사 권준 등과 작전을 논의하고 나니 저녁에 날이 걷히므로 당포를 출항하여 잘우치(資乙于赤, 거제시 둔덕면)에 정박하였다가 한밤중에 몰래 견내량을 통과하여 정박시켰다.

8월 27일

다시 칠천도로 이동하여 웅천현감 이종인으로부터 적의 동태를 들은 후, 날이 저문 다음 빠른 속도(시속 7km)로 이동하여 밤 10시경 원포에 도착하였다. 이와 같이 적에게 발견되지 않도록 은밀히 기동함으로써 이순신의 통합함대는 적의 수군이 정박할 것으로 예상되었던 제포, 웅포, 안골포, 가덕 및 낙동강 하구 근처에 몰래 접근할 수 있었다.

8월 28일

이른 아침에 이순신은 전날 육지로 파견한 척후로부터 적정을 보고 받았다. 고성, 진해, 병영 등 육지에 침범하였던 적군은 24일, 25일 밤을 틈타 모두 도망쳐 버렸다는 것이었다. 이는 높은 산 위에 있던 적의 망군(높은 곳에서 적의 동태를 살피던 군사)이 조선 수군의 접근을 알아차렸다는 것을 뜻한다.

또 왜적의 포로가 되었다가 탈출한 어부 정말석도 "김해강 일대에 정박해 있던 적선들은 3일 전부터 떼를 지어 몰운대(부산) 방면으로 급히 노를 저어 도망쳤다"고 하였다.

이에 이순신은 즉각 원포를 출항 가덕도 서북단에 위치한 장항포로 향했고, 포구 깊숙이 함대를 정박시켜 적이 탐지하지 못하도록 하였다. 그리고 방답첨사 이순신, 광양현감 어영담에게 명령하여 김해, 양산강 강구에 위치하는 섬 그늘에 숨어서 적선들의 동태를 살피고 오라고 하였는데, 이들이 오후 5시경 돌아와서 보고하기를, "왜 소선 4척이 김해, 양산강에 나와 몰운대 방면으로 갔다"고 하였다. 이순신은 보고를 받은 즉시 함대를 장항포로부터 서남쪽 5km인 천성보로 이동시킨 후 여기에서 하룻밤을 지샜다. 이는 적이 장항포에 정박한 함대를 야습할 가능성에 대비한 것이었다.

8월 29일

첫닭이 울 때(오전 2시경) 천성보를 출항하여 김해, 양산하구의 남쪽, 즉 명지도 남쪽의 먼바다에 진을 쳤다. 협선을 김해, 양산강으로 진입

시켜 수색 활동을 수행하게 하였으며, 낙오된 일본 수군이 우리 함대를 발견하고는 육지로 도망가자 이들의 대선 4척, 소선 2척을 파괴한 후 불태웠다. 야간을 이용하여 함대를 장항포로 은밀히 이동시켜 진을 치고 하룻밤을 지새웠다. 이는 김해, 양산강, 하구 일대에 적이 없다는 것을 확인하였고, 다음 날 부산포를 공격하기 위해서는 가장 가까운 포구인 장항포가 제격이었기 때문이었다. 이순신은 밤을 새우며 이억기, 원균 등과 작전 회의를 하였는데 9월 1일 첫 새벽에 장항포를 출항하여 부산포를 공격하기로 결정하였다. 이처럼 이순신은 정보 수집, 비밀 접근, 작전 회의를 반복하면서 치밀한 계획에 따라 함대를 공격 목표 지역으로 이동시켰다.

C. 전초전

9월 1일

새벽 2시경 가덕도를 출항하여 부산포로 이동하였다. 8시경 몰운대를 지났는데 동풍과 큰 풍랑이 일어 간신히 함대를 수습할 수 있었다. 그럼에도 불구하고 동쪽으로 전진을 계속하여 화준구미(花樽龜尾, 부산시 사하구 화손대 서쪽의 내만으로 추정됨)에서 대선 5척으로 편성된 일본 함대(일본 수군의 부산 방어를 위한 제1전초경계함대)와 만났다. 조방장 정걸이 지휘하는 특별 기동함대에게 공격을 명하여 적선을 파괴하고 불태웠다. 적선을 섬멸하되 배 안에 있는 물건은 노획하지 말 것을 지시했는데, 이것은 노획으로 인한 시간 소모를 줄이기 위함이었다.

조방장 정걸의 특별 기동함대는 이어 다대포의 일본군 대선 8척(부산 방어를 위한 제2전초경계함대)과 서평포의 일본군 대선 9척(부산 방어를 위한 제3전초경계함대) 그리고 절영도 앞바다의 일본군 대선 2척(부산 방어를 위한 제4전초경계함대)을 연이어 공격하여 파괴하고 불태웠다.

오후 2시경 통합함대는 절영도 주변을 수색했으나 일본 함대를 발견하지 못하여 대신 작은 배를 보내 부산포 내부를 정탐하도록 했다. 이순신은 조선 수군 주력 함대의 위치를 은폐하면서, 일종의 태스크포스를 이용, 모두 네 차례에 걸쳐 적의 견고한 방어망을 격파하는 걸출한 전술을 전개하였다.

날이 거의 저물 무렵(오후 4시경) 이순신은, 부산성 동쪽 한 언덕 밑 세 곳에 대·중·선을 포함하여 총 470여 척의 일본군의 전선이 정박 중이라는 보고를 받았다. 이들은 아군의 위세에 눌려 감히 나오지 못하고 있었는데, 조선의 전선 여러 척이 곧장 돌진하자 마침내 일본군은 전선 4척으로 편성된 공격함대를 초량목으로 내보냈다.

D. 해전

초반에 선봉으로 나선 일본 수군의 4척은 엄선된 공격함이었지만, 녹도만호 정운이 5척의 함선으로 돌격하여 모두 격침시켰다. 날이 저물고, 기상이 나빠지므로 조방장 정걸과 원균, 이억기 등이 공격 보류를 주장하였으나 이순신은 계속 공격할 것을 명령하였다.

초량목에서 부산포까지는 해상으로 약 4km 거리로 30분만에 도달할 수 있었다. 부산포는 글자 그대로 종심이 깊은 포구였다. 따라서 여기서는 학익진과 같은 진형은 형성할 수 없었기 때문에 이순신의 전라좌수군 함대가 앞장서고 그 뒤를 이억기 함대와 원균 함대가 따르는 장사돌진(長蛇突進, 일종의 일렬종진)의 형태로 일본 진영을 공격하였다.

일본군은 감히 맞서 싸울 엄두를 내지 못하고 산 위로 올라가 6군데로 나누어 진을 치고는 통합함대를 향해 조총 탄환과 화포 및 화살을 비 오듯 쏟아 부으며 반격하였다. 이에 조선 수군도 천자·지자총통과 불화살 등으로 공격하여 100여 척의 일본 전선을 격파하고 많은 사상자를 발생시키는 등 일본 수군 본대에 크나큰 손실을 안겨주었다.

이순신은 다시 돌진하여 적의 소굴과 적선들을 남김없이 불태우려 하였으나 육지로 올라간 일본군의 수가 많은데다 이들의 귀로를 차단한다면 궁지에 빠진 적들이 죽기 살기로 반격에 나설 것 같아 오후 7시경 작전을 종료하였다. 우선 전선을 수리하고 군량을 넉넉히 갖춘 후에 때를 기다려 경상 감사 등과 합동으로 바다와 육지에서 동시에 진격하여 적들을 남김없이 섬멸할 것을 기약하고 진을 파하여 밤 12시경에 가덕도로 귀환하였다.

9월 2일

이순신은 통합함대를 해체하고 본영인 전라좌수영으로 돌아왔다.

2

부산포해전의 전과 및 성공 포인트 분석

부산포해전에서 조선 수군의 전과와 일본 수군의 피해를 정리해보고, 이순신 제독이 승리할 수밖에 없었던 성공 포인트와 전략적 의의를 살펴보자.

전과 및 피해

- 전과 : 적선 100여 척 격침 등 치명적 손실, 전사자 약 8,000여 명 추정
- 아군의 피해
  - 전사자 : 녹도만호 정운(적의 화포), 5명(조총탄) 총 6명
  - 부상자 : 25명

성공 포인트 분석

첫째, 전라좌·우수군의 전선 수가 증가하였는데, 7월 초 한산도해

전 시의 52척보다 40% 증가한 74척이 참전하였다.

둘째, 전라좌·우수군은 출전 20여 일 전에 합류하여 철저한 훈련을 실시하였다.

셋째, 철두철미한 수색 작전을 전개하여 적의 기습을 방지하는 안전 조치를 취하였으며, 필요할 때마다 항로에 대한 세밀한 정보 수집과 시의적절한 작전 회의를 거듭하였다. 기상 악화로 공격 시점을 1일 늦추자는 건의가 있었으나 이순신은 오히려 일본 수군을 부두에 묶어둘 수 있는 기회로 여겨 이를 역이용하여 총공격을 감행했다.

전략적 의의

- 일본 수군의 본거지인 부산포를 정면으로 공격하였다.
- 일본군의 해전 회피를 더욱 고착화하였고, 서쪽으로의 침입을 막았다.
- 일본군이 수군 활동을 전폐하고, 해안에 성을 쌓아 방어하는 전략을 취하게 하였다.
- 일본군을 효과적으로 제압하기 위해서 수륙병진전술의 필요성이 대두되었다.
- 토요토미 히데요시가 직접 바다로 건너와 전쟁을 지휘할 여지를 차단했다.

3

부산포해전에서는 프로젝트 착수를 어떻게 했을까?

부산포해전에서의 프로젝트 착수는 프로젝트 헌장 개발과 이해관계자 식별이라는 프로세스를 분석하였다.

프로젝트 헌장 개발

부산포해전은 이순신의 임진년(1592년) 4차 출전(8월 24일~9월 2일)의 핵심 전투로서 일본군의 본거지를 공격한 것이었다. 통합함대가 맹훈련을 하고 있던 8월 8일에 조정으로부터 받은 '출전 명령', 그리고 비슷한 시점에 경상우도 순찰사 김수로부터 받은 '적정 통보'가 이 프로젝트 헌장 역할을 하였다고 볼 수 있다.■

전쟁 중이라는 열악한 환경 속에서도 전선 24척과 협선 40척을 건조하고 8월 1일부터 23일까지 23일간 전라좌·우수영 병사들이 통합훈련을 실시한 것은 일본군의 조선 침략 본거지인 부산진포에 적 함선이 500여 척, 적군이 약 6~7만 명이 상주하고 있으므로 이 중차대한 전투가 아주 힘겨운 싸움이 될 것을 예상한 준비였다고 할 수 있다.

이해관계자 식별

부산포해전의 경우에는 3차 출선에 잠전했던 침모들이 대거 참여했고, 그동안 본영을 수비했던 정걸이 특수 기동대로서의 역할을 수행하였는데, 이들 모두가 부산포해전의 주요 이해관계자라 할 수 있다. 또 일본 수군의 지휘관인 도도 다카도라, 구키 요시다카, 카토 요시아키, 와키사카 야스하루 등도 이해관계자라 할 수 있다.

4

부산포해전에서는 어떻게 프로젝트를 기획하고, 실행했을까?

기획 및 실행 단계에서는 프로젝트 범위 관리에서 통합 관리까지 관리 전반을 다루고 있으며, 특히 부산포해전에서는 적의 본거지인 부산포라는 장거리 이동에 대한 계획 수립과 실행이 중요하였다.

범위 관리

- 이순신 함대의 4차 출전(8월 24일~9월 2일)의 작전 범위는 여수에서 부산포까지였으며, 적의 주력이 있는 심장부를 타격한 부산포해전은 9월 1일에 벌어졌다.
- 동쪽으로 부산포까지 작전 범위를 넓힌 것은 이번이 처음이었는데, 이는 그동안의 해전을 모두 승리로 이끌면서 얻은 역량과 자신감을 바탕으로 한 것이었다.

시간 관리

● 8월 24일 오후 4시에 여수를 출발하여 8월 25일 사량에서 원균과
상봉하고, 8월 28일 장항포에 정박하여 낙동강 일대를 수색하였으
며, 9월 1일 적의 1차에서 3차까지의 전초경계대를 격파시키는 데
모두 4시간이 소요되었고, 제4전초경계대를 쳐부수고 절영도에 도
착한 시간이 오후 1시경이었다. 절영도 일대를 수색하는 데 다시 1
시간이 소요되었으며, 오후 4시경에 시작한 부산포해전은 3시간 동
안 작전을 수행하여 7시에 종료되었다.

● 복잡한 시간 계획을 수행하는 동안 적에게 노출되지 않도록 은밀하
게 기동하였고, 아군에게는 안전하게 보호될 수 있는 정박지를 선정
하였다. 특히 노출되기 쉬운 좁은 협수로를 통과하는 시간이 새벽
또는 한밤이 될 수 있도록 시간 계획을 정밀하게 수립하였다.

원가 관리

● 이순신 통합함대는 전선 81척, 협선 99척이 출전하였다.

● 일본군은 약 500척의 함선과 6~7만 명의 병사가 출전하였다.

● 일본군은 함선 100여 척이 격침되고, 약 8,000여 명 전사자가 발생
한 것으로 추정되는 치명적 손실을 입었다.

● 아군의 함선은 피해를 입지 않았고, 녹도만호 정운 외 5명이 적의 화

포나 조총에 맞아 전사하였다. 부상자는 25명이었다.

품질 관리

- 일본 육군이 금산전투를 승리하고 선수를 함락시킨 여세를 몰아 전라도를 공격하고, 일본 수군이 전라도 해안을 공격하여 수륙양면작전을 감행하면 조선 수군이 포위되는 양상이 전개되므로 부산진을 선제 공격하였다.
- 참모들은 육군의 지원도 없이 수군 독자적으로 부산진을 공격하는 것은 불가능하다고 주장했지만, 이순신은 1~3차 출전에서 승리한 경험을 바탕으로 치밀하고 과감한 작전 계획을 수립, 부산진에 모여 있는 적선을 분쇄하여 일본 주력 수군의 해상 활동을 크게 약화시켰다.
- 적에게 크나큰 심리적 타격을 안겨 주었으며, 최대의 효과를 발휘할 수 있는 시점을 선택하여 해전과 육전 전반에 전환점을 제공하는 승리를 일궈내었다.
- 이순신이 장계에서 '장사돌진'이라고 기술한, 일종의 일렬종진 형태의 함대 공격 진형을 취하여, 적의 진영을 지속적이면서도 일사불란하게 공격하였다.

인적자원 관리

- 출전 전 약 23일간의 훈련을 실시하여 단기간에 전라좌·우도 함대 전 구성원의 역량을 제고하고 팀 빌딩을 형성하였으며, 원균 함대 참모들과의 지속적인 작전 회의를 통해 통합함대 전체의 팀워크를 향상시켰다.
- 고귀한 인품과 희생 정신으로 백성들을 크게 감화하여 함선 추가 건조에 자발적인 참여를 이끌어냈다.
- 3명의 지휘관(전라좌·우도 및 경상우도 수사)이 각각 지휘권을 수행하면서도 이순신 중심으로 지휘 체계를 확립하였다.
- 새로 건조된 함선 운영을 위해 추가로 1,785명의 신병을 확보해서 훈련을 시킴으로써 필요한 인적 자원을 확충하였다.
- 장병들을 철저하게 훈련시킴으로써 열세의 전력을 극복하였다.
- 정운의 전사를 몹시 애통해 한 이순신은 정운의 영구를 그의 고향인 영암으로 운구한 후 정중한 장례를 지내도록 했으며, 몸소 조사를 지었다.

의사소통 관리

- 출전 전 매일 통합 훈련을 실시하여 약속, 결진, 함대 이동, 함포 사격 등의 전비 태세를 갖추면서 지휘선상의 원활한 의사소통을 제고

하였다.

- 주요 거점에 첩보선과 첩보원을 배치하여 원활한 정보 수집과 정보 전달 체계를 수립하였다.
- 출전 전과 이동 중간에 지속적인 참모 회의를 통해 긴밀한 의사소통 체계를 구축하였다.

리스크 관리

- 육지로 파견한 척후로부터 수시로 적정을 보고받는 등 정보력을 바탕으로 이동 계획을 수립하였다.
- 수집된 정보를 신속하게 보고하도록 하였으며, 입수된 정보를 바탕으로 발생할 리스크에 대한 대비를 철저히 하였다.
- 통합함대의 위치를 적이 파악할 수 없도록 야간을 이용해 기동하였고, 또 수시로 정박지를 바꿈으로써 적에게 기습당할 가능성을 차단하였다.
- 부산포 공격 직전 통합함대를 장항포에 정박한 것은 함대의 위치를 적이 파악할 수 없도록 하기 위함이었으며, 방답첨사 이순신과 광양현감 어영담에게 명령하여 김해, 양산강 어구에서 적선의 동태를 감시하되 적선이 출현해도 절대로 이를 추격하지 말라고 지시한 것은 종합적인 관점에서 리스크를 관리한 것이라고 볼 수 있다.
- 리스크 분석에서부터 대응 계획까지 모든 리스크 관리 계획을 사전

에 수립하여 전투에 임했다.

조달 관리

- 경상우수영의 판옥선 7척은 사량리에서 합류하였고, 전라우수영의
  판옥선 40척은 전라좌수영에서 합류하여 통합함대를 형성, 작전을
  수행하였다.
- 함선 25척을 새로 건조하였고, 이에 탑승할 1,785명의 병사를 추가
  로 확보하였으며, 각종 화포·화약·염초 등을 자체적으로 확보하였다.

이해관계자 관리

- 녹도만호 정운이 전사하자 영구를 고향까지 운구한 뒤 직접 조사를
  지어 위로하였다.
- 이순신의 희생 정신에 감화된 백성들이 자발적으로 함선 건조에 참
  여하였다.

통합 관리

- 여수에서 부산포까지의 장거리 기동을 위한 계획 수립과 그 실행 간
  의 유기적 통합 관리를 체계적으로 수행하였다.

- 8월 1일에 전라좌·우수영의 함대가 함께 23일간 작전 훈련을 실시하였고, 적의 본거지에 대한 공격이었으므로 이순신 함대는 모든 장수들과 같이 전략을 논의하고 부대의 이동, 전술, 연락책 등을 다시 한 번 확인하고 약속하였다.
- 3인의 지휘관이 작전 계획을 깊이 숙지하여 기동 및 전투를 일관성 있게 진행하였고, 이런 가운데에서 주력 함대의 기동을 시간 계획에 따라 진행하였다.

5

부산포해전에서는 어떻게 프로젝트를 통제하고, 종료했을까?

부산포해전에서 수행한 프로젝트 통제 및 종료와 관련된 활동들을 간략하게 분석해보자.

프로젝트 통제

- 조선 수군이 접근하여 원포에 도착한 것을 일본 수군이 알아차리자 이순신은 출항을 명령하여 가덕도 서북단에 위치한 장항포로 향하였고, 포구 깊숙이 함대를 정박시켜 적이 탐지하지 못하도록 하였다.
- 날이 저물었기 때문에 조방장 정걸과 원균, 이억기 등이 공격 보류를 주장하였으나 이순신이 최종적으로 공격하는 것으로 의사결정하였다.
- 당초 범위 계획은 부산진에 대한 전면 공격이었으나 시간적 제약으로 인해 일회성 타격으로 범위 계획을 수정하고, 오후 7시경 작전을 종료하였다.

- 전선을 수리하고 군량을 넉넉히 갖춘 후에 조선 육군과 합동으로 바다와 육지에서 동시에 공격하여 적들을 남김없이 섬멸할 것을 기약하고 진을 파하여 밤 12시경에 가덕도로 귀환하였다.

프로젝트 종료

- 전라좌수영에 복귀한 후 이순신은 전투의 모든 과정을 소상히 기록한 장계를 9월 17일 조정에 올렸다.
- 이순신은 〈난중일기〉에 8월 24일부터 8월 28일까지 부산포해전과 연관된 중요한 기록을 남겼다.
- 이순신은 9월 2일에 장항포에서 통합함대를 해체하고 본영으로 귀환하였다.

6

이순신의 부산포해전에서 배우는 프로젝트 실행
: 성공 키워드 4가지

이제까지 부산포해전을 프로젝트 관리의 세 번째 단계인 프로젝트 실행이라는 관점에서 살펴보았다. 이순신의 프로젝트 관리 중 프로젝트 실행의 성공 키워드 4가지는 다음과 같다.

❶ 이순신은 당시 임진왜란 전체의 상황, 즉 육지에서의 조선 육군과 일본 육군의 전쟁 현황 및 명나라 지원군의 역할 등을 파악하여 일본 수군 본거지 공격 시기를 조율하였던 것으로 보인다. 조선 육군이 계속 밀리는 상황에서 전주성을 함락한 일본군이 순천까지 밀고 온다면, 그리고 일본 수군이 합세하여 수륙양면작전을 수행한다면, 조선 수군은 그 근거지를 잃게 될 것이고, 그 결과 전라도를 포기하게 되어 다시 회생할 수 없는 난국에 도달할 것이라고 판단하였다. 따라서 이순신은 이때가 한산도해전 이후 움츠리고 있는 일본 수군의 본거지를 공략할 수 있는 최적의 시기라고 판단하였기 때문에 철저히 준비하고,

신속하게 공격하여 승리를 이끌어 내었다. 결국 이는 임진왜란 전체의 흐름을 아군에게 유리한 방향으로 뒤바꾸는 중요한 계기가 되었다. 이로써 우리는 이순신이 프로젝트 관리자가 갖춰야 할 중요한 요소 중 하나인 '전략적 의사결정(Strategic Decision Making)'의 달인임을 알 수 있다.

❷ 전라좌수영(여수)에서 부산포까지는 남해안의 수많은 섬들을 거쳐 장기간의 항해가 필요하다. 적에게 기습당하지 않고 아군 함대의 기동을 은폐하면서 부산포를 기습 공격하기 위해 치밀한 리스크 관리와 의사소통 관리를 적용했으며, 중간 중간 군수 적재를 위한 조달 수행과 통합함대의 원활한 작전 수행을 위해 팀 관리에 해당하는 통합 훈련 교리를 발전시켰다.

❸ 부산포 공격 개시 전 가장 가까운 포구에 전체 함대를 정박시켜 놓고 소수의 기동 함대를 편성하여 적정을 세밀히 살피게 한 것이라든지, 본진 공격을 위해 기동 중 적의 전초방어경계함대와 만났을 때 이를 격파하기 위해 특별 기동함대를 편성하여 제압하고 본진은 기본 항로를 따라 시간 계획에 차질 없이 기동한 것 등은 실행 단계에서 '보유한 인적자원을 효율적으로 활용'한 것뿐만 아니라 위임받은 사람의 맡은 역할, 책임 및 권한을 분명히 한 것이었다.

❹ 긴 항해를 거쳐 가덕도에서 1박한 후 부산포로 향했을 때 강한 풍랑을 만나게 되었다. 많은 참모들은 회항하였다가 기상 호전 시 재공격할 것을 적극 건의하였고, 원균, 이억기도 이점에 동의하였다. 그러나 이순신은 단호히 거부했고, 오히려 이런 기회야말로 일본 수군을 항구에 묶어 둘 수 있고, 우리는 자유로이 활동할 수 있는 좋은 기회임을 주장했다. 즉, 프로젝트 관리자가 갖춰야 할 중요한 요소인 리더십을 탁월하게 발휘한 사례라고 볼 수 있다.

■

2장

조선 수군을 좌절시킨 칠천량해전

칠천량해전,
조선 수군의 마지막 보루가 없어지다

    이순신이 전쟁터를 비운 사이 조선 수군에게 절망감을 안겨 준 칠천량해전의 해전도와 경과를 정리하면 다음과 같다.

해전도

그림 3-3　**칠천량해전도**(1597. 7. 16.)

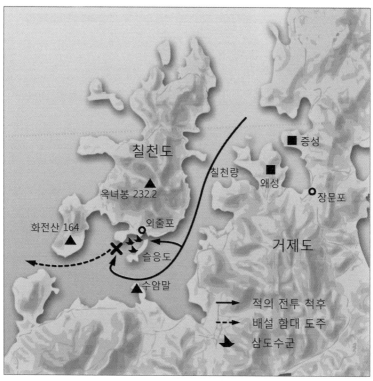

그림 3-4 **칠천량해전도**(1597. 7. 16.)

경과(1597년) : 일본의 재침 준비와 조선의 통제사 교체

- 일본은 재침입을 위한 준비로 연안 지역의 다이묘를 수군에 소속시
  켜 수군 병력을 증강하고, 임진왜란 중 손실된 군선을 보강하기 위
  해 전투용, 운반용 군선으로 나누어 건조했는데, 특히 조선의 판옥
  선에 대항하기 위해 대형선인 아다케를 다수 건조하였다.

- 일본 수군은 조선 수군에 대항하기 위해 새로운 전술을 개발하였다. 그것은 일종의 변형된 등선육박전술로서 야간을 틈타 다수의 일본군선이 조선 함선을 포위하고, 일시에 등선 공격하는 전술이었다.
- 강화 협상이 결렬되자 토요토미는 재침을 결심하는데, 그들이 가장 두려워하는 이순신을 제거하기 위해 반간계(反間計)를 펼쳤다. 즉, 일본은 조선에서 신임을 받고 있던 승려 요시라를 경상 우병사 김응서에게 보내어 일본 장수 가토가 부산으로 침입한다는 거짓 정보를 흘렸다. 이를 사실로 믿은 조정은 이순신에게 출동 명령을 내렸으나 이순신은 신중을 기했다.
- 가토 기요마사에 대한 정보(부산 앞바다에 전선을 이끌고 나타날 것)를 믿지 않은 이순신은 대군을 출동시키지 않고 친히 가덕도로 나가 수색 작전만 펼쳤다. 이에 일본은 다시 요시라를 김응서에게 보내어, "가토가 이미 상륙했고(사실 가토는 울산 서생포로 상륙했음) 이순신이 천재일우의 기회를 놓쳤다"고 성토케 하니, 조정은 이를 그대로 믿고 이순신을 탄핵하였다.

2월 25일

전선을 거느리고 가덕도 앞바다에 나가 있던 이순신은 자신을 한양으로 압송하라는 명령이 내려졌다는 소식을 듣고 바로 본영인 한산도로 돌아와 진중을 정리하고 원균에게 삼도수군통제사의 직위를 인

계하였다.

2월 26일

이순신이 무군지죄(임금을 무시하고 업신여긴 죄)로 한산섬에서 체포되어 함거에 실려 한양으로 압송되었다.

3월 29일

원균은 장계를 올려, 조선 수군이 나아가는 길목에 있는 안골포와 가덕도 등의 일본 세력을 육군이 먼저 소탕해야 부산에 있는 일본 수군을 섬멸할 수 있다고 주장하였다. 하지만 도원수 권율과 비변사는 "두 곳이 해안 깊숙이 위치하므로 함부로 공격할 수 없다"고 하고 수군이 부산 앞바다에 나아가 일본군이 자유롭게 건너오는 것을 저지해야 한다는 차단 전술을 주장하였다. 이에 원균은 5월 말 다시 장계를 올려 재차 수륙병진전술을 강조하면서 "부산 앞바다는 함대를 정박할 곳이 없고 앞뒤로 일본 수군에 포위될 위험이 있다"고 주장하였다.

도원수와 비변사는 180여 척의 수군을 둘로 나누어 부산 앞바다에 교대로 나간다면 일본군이 바다를 건너 침입하는 것을 막을 수 있다고 판단했으며, 조정의 신료들뿐만 아니라 선조까지도 이에 동조하였다. 즉, 그들은 조선의 수군력을 과대평가하여 지나친 기대를 갖고 있었던 것이다.

4월 1일

이순신은 "백의종군하여 도원수 권율의 휘하로 들어가라"는 명을 받았다.

6월 18일

원균은 도원수와 체찰사의 출전 명령을 거부하다가 드디어 부산으로 출항했다.

6월 19일

안골포와 가덕도에서 소규모 해전을 치렀으며, 안골포에서 일본군선 2척을 빼앗고, 가덕도에서 추격전 끝에 여러 척을 포획하였다. 전투 후 회항하려 할 때 안골포에서 일본 수군이 역습을 감행하여 다시 전투가 벌어졌다. 일본 수군은 우리 함대 후미를 둘러싸거나 좌우를 협공하면서 탄환을 난사하였다. 조선 수군은 전투 중 평산 김축이 눈 아래에 총상을 입었고, 보성군수 안홍국이 전사하는 등 수세에 몰리자 일단 후퇴하였다. 선조는 비변사의 요청에 따라 원균에게 "전일과 같이 후퇴하여 적을 놓아준다면 나라에는 법이 있고, 나 역시 용서하지 않을 것이다"라고 하면서 재차 출전 명령을 내렸다.

7월 4일

원균 자신은 직접 출동하지 않고, 도원수 등의 명령대로 함대 세력을 둘로 나누어 그중 한 함대를 출동시켰다.

7월 5일

칠천도에서 정박하고, 6일 옥포에 들어갔다가 7일 새벽 출항하여 말곶을 거쳐 부산을 향했다.

7월 8일

다대포의 소규모 전투에서 일본군선 10여 척을 격파하였다. 이 과정에서 조선 함대는 수백 척에 이르는 일본의 대규모 함대를 만났는데, 이때 일본 함대는 조선 수군과의 전면전을 회피하는 신중함을 보였다. 우리 함대 역시 일본 함대의 규모가 워낙 컸기 때문에 싸우지 않고 일단 물러났다. 그런데 갑자기 풍랑이 일어 조선 함대의 일부 전선이 표류하게 되었는데, 5척은 두모포, 7척은 서생포에 표착하였다. 두모포로 표착한 5척은 무사히 귀환하였으나 서생포에 표착한 조선 수군은 상륙을 시도하다가 주변의 일본군에게 전멸당하였다. 부산 근해에 출동했던 조선 수군이 이처럼 어이없는 손실을 입고 귀환할 무렵 통제사 원균은 도원수 권율로부터 곤양으로 출두하라는 명령을 받았다.

7월 11일

곤양에 도착한 권율은 원균에게 곤장을 쳐 본인이 직접 출동하지 않은 점을 문책하고 다시 출전을 종용하였다. 원균은 장졸들이 휴식을 취할 필요가 있고, 이미 장마가 시작되어 장마가 그치면 출항하겠다고 하였지만 권율은 이를 받아들이지 않았다. 원균은 분한 마음을 품고 한산도로 돌아왔다.

7월 12일

징벌 사건 직후 통제사 원균은 함대 전체를 이끌고 새벽에 출항을 단행하여 칠천량에서 하룻밤을 보내고 13일 옥포만에 도착하였다. 다음 날 옥포를 출발한 함대가 부산 앞바다에 이르러(출전 시점에 대한 논란이 있음) 1,000여 척의 일본 전선과 해전을 시도하였으나 일본 함대는 계속 회피 전술을 펴면서 원균 함대를 지치게 만들었다. 원균 함대는 계속 추격하다가 부산 앞바다의 물마루를 지나 외해 쪽으로 떠밀려 가게 되었는데, 여기에서 풍랑 때문에 함대 일부가 표류하여 흩어졌다. 조선 함대는 겨우 전선을 수습하여 회항하면서 밤새도록 노를 저어 15일 아침 무렵 가덕도에 도착했다. 이때 일본군 500여 척이 추격해 오므로 조선 수군은 휴식을 취할 틈도 없이 다시 이동하여 거제도 영등포로 물러나게 되었다. 조선 수군은 피로와 목마름 때문에 서둘러 섬에 상륙하였는데, 이미 이곳에 매복하여 기다리고 있었던 일본 육군에게 불시에 공격을 당하여 400여 명이 살해되었다.

원균은 갑작스럽게 당한 일이라 이들을 구할 생각도 하지 못하고 칠천도로 후퇴하여 정박하였다. 조선 함대가 칠천량에 도착한 일시는 7월 15일 밤 10시 무렵이었다. 이날 밤 원균은 모든 장수들을 소집하여 적의 세력이 너무 커서 당해 내기가 어렵다고 한탄하면서 죽기를 각오하고 싸울 것을 강조하였다. 이때 경상우수사 배설은 용기를 낼 때와 겁낼 때를 구분하는 것이 병법에서는 중요한 전략으로 여기는데, 오늘은 겁내어 싸움을 회피하는 전략을 써야 할 것이라 했지만 원균은 듣지 않았다.

일본 수군은 조선 함대의 이동 상황을 계속 파악하고 있다가 야간에 출동하여 전선 수백 척으로 칠천량 주변을 에워싸기 시작했다(이때 조선 수군의 함선은 134척, 일본 수군의 함선은 1,000여 척). 도도 다카도라와 와키사카 야스하루가 거느린 일본 수군은 새로 개발된 전술을 펴기 위해 조선 수군 주위를 몇 겹으로 포위하고 있었지만 조선 수군은 이를 전혀 눈치 채지 못하고 있었다.

7월 16일

새벽 4시쯤(닭이 울 무렵) 일본 수군의 공격이 시작되었다. 조선 전선 1척을 여러 척이 포위한 다음 전투 병력이 우리 전선에 뛰어올라 육박전을 벌였다. 연 이틀 동안 계속된 함대 이동과 식수 부족으로 피로와 기갈에 지친 조선 함대는 전투의 기본 원칙인 '경계'마저 제대로 하지 않아 일본 함대의 접근과 포위 사실을 모르고 습격당한 것이었다. 이는 "왜적이 우리 배에 접근하여 올라오자 우리 장수들은 손 한번 써보지 못하고 패몰하였다"라는 선전관 김식의 보고로도 알 수 있는데, 이는 일본 수군이 계획한 전술이 어느 정도 맞아 떨어진 셈이 되었다.

7월 16일

    오전 8시경 칠천량 남단 근처에서는 탈출하려는 조선 함대와 이를 막으려는 일본 함대와의 격전이 전개되었다. 조선 함대는 두 방향으로 나누어 탈출을 시도하였다. 한쪽은 진해만 쪽으로 향했으나 일본 수군의 추격을 받아 참패하였고, 원균과 배설의 함대는 거제도 해안을 타고 한산도 방향인 서남쪽으로 향했다. 경상우수사 배설이 이끄는 12척은 견내량을 거쳐 한산도로 미리 탈출하였고, 원균의 잔여 함대는 고성땅 추원포로 도주하였다. 원균은 이곳에 상륙했다가 일본군의 공격을 받고 전사하였고, 근처 해안으로 상륙했던 군사들은 모두 일본군에 의해 전멸되었다.

칠천량해전의 손실 및 실패 포인트 분석

칠천량해전에서 조선 수군의 손실을 정리해보고, 원균 통제사가 실패한 원인을 분석해보자.

손실

- 통제사 원균, 전라우수사 이억기, 충청수사 최호가 전사하였고, 경상우수사 배설과 함께 탈출한 10여 척을 제외한 전선 대부분은 일본 함대에 의해 불태워지거나 빼앗겼다.
- 가덕도와 거제도 주변 해안에 상륙한 조선 수군은 일본 육군에 의해 거의 전멸되었다(약 1만 명 이상 전사 추정).

실패 포인트 분석

- 수군의 군령권, 즉 작전권이 통제사가 아닌 체찰사와 도원수에게 있

었던 것이 문제였다. 이는 해전을 모르는 문신들에게 수군을 지휘할 권한이 있었음을 의미한다.

- 많은 조선 수군 병력이 제대로 싸워 보지도 않고 도망할 정도로 군기가 쇠락했다. 장수들 중 어떤 자는 수군 전부를 이끌고 도망해 버렸고, 어떤 자는 해안으로 올라가 도망해 버리고, 주장을 구하지도 않았다.**2**

- 사전 정보 판단에 의해 치밀한 작전 계획을 세우지 않고 부산포 공격을 감행한 점, 적의 습격에 대비한 사전 대응 작전을 세우지 않고 함대를 통솔한 점과 함대 세력을 보존하기 위한 전략적 판단을 신속히 하지 못한 점, 그리고 아무리 장병들이 지쳤다 해도 경계를 게을리한 점 등은 원균의 중대한 과오였다.

결과

- 이순신이 삼도수군통제사로 재임명되었고, 권준을 충청수사로 삼아 패전 뒷수습과 수군 재건을 맡게 되었다.

- 일본 수군은 조선 수군의 전선 100여 척을 빼앗거나 불태웠고, 연안의 진포마다 남겨진 전선도 소각했다. 그러나 일본 수군은 승전의 여세를 몰아 남해의 제해권 장악을 위한 해상 작전을 펼치지는 않고, 7월 말까지 주변 해역을 소탕하거나 약탈하는 소극적인 활동만 하였다.

3

칠천량해전에서는 프로젝트 착수를
어떻게 했을까?

칠천량해전에서의 프로젝트 착수는 프로젝트 헌장 개발과 이해관
계자 식별이라는 프로세스를 분석하였다.

프로젝트 헌장 개발

칠천량해전은 부산으로 출전하라는 선조의 명을 계속 따르지 않
았던 삼도수군통제사 원균에게 도원수 권율이 출전을 종용하자, 마침
내 원균이 7월 5일 3도 수군을 이끌고 부산으로 출전함으로써 시작되었다.
조선 육군이 해안의 포진한 일본 육군을 먼저 공격해야 한다는 원
균의 의견을 묵살하고, 도원수 권율과 비변사는 무조건 부산 앞바다
에 나아가 일본군이 자유롭게 건너오는 것을 저지하라고 명령하였다.
하지만 이 명령은 프로젝트 헌장의 기본 요소인 환경 분석(크게 증강된
일본의 수군력과 조선 수군 최고 책임자인 원균의 준비 상태)이 고려되지 않았다.
특히 해상 전술을 잘 모르는 조정 및 육군 지휘관의 오판에 의해 출전

명령이 내려졌다.

이해관계자 식별

칠천량해전의 경우에는 이순신이 아니라 원균이 프로젝트 매니저로서 역할을 수행하였으며, 부산으로 나가 싸우라는 명령을 내린 선조는 여전히 프로젝트 스폰서라 할 수 있다. 또 전투를 직접 독려했던 도원수 권율을 비롯해서 비변사 등의 조정 대신들이 주요 이해관계자였다고 할 수 있고, 원균 휘하의 모든 장수와 병사들도 이 프로젝트의 이해관계자였다고 볼 수 있다. 또 도도 다카토라, 와키사카 야스하루, 구키 요시타카, 가토 요시아키, 시마즈 다다유타, 고니시 유키나가 등 이 해전에 참가한 일본 수군의 장수들도 이해관계자이다.

칠천량해전에서는 어떻게 프로젝트를 기획하고, 실행했을까?

기획 및 실행 단계에서는 프로젝트 범위 관리에서 통합 관리까지 전반을 다루고 있으며, 특히 칠천량해전은 기획 및 실행을 제대로 수행하지 못한 해전이므로 실행 관점에서 자세히 다루었다.

범위 관리

이 프로젝트의 범위는 당초 부산포를 공격하는 것이었는데, 부산 앞바다에서 밀리면서 칠천량까지 후퇴하여 범위가 축소되었다.

시간 관리

● 징벌 사건 직후인 7월 12일, 통제사 원균은 함대 전체를 이끌고 새벽에 출항하여 칠천량에서 하룻밤을 보내고 13일 옥포만에 도착하였다. 다음 날 옥포를 출발한 함대가 부산 앞바다에 이르러 1,000여

척의 일본 전선과 해전을 시도할 때까지의 일정 관리는 그런대로 계획에 따라 진행되었다.

- 하지만 이후 일정은 적의 힘 빼기 작전에 농락당하고, 또 전선의 운용이 어려운 지점까지 무리하게 쫓다가 풍랑까지 겹쳐 오히려 수세에 몰리면서 계속 후퇴하고 도망치는 일의 연속이었으므로 일정 관리가 제대로 수행되지 못하였다고 할 수 있다.

원가 관리

- 삼도수군통제사가 거느린 함대의 전선이 134척이었으나 그 가운데 배설이 이끌고 탈출한 10여 척을 제외한 나머지를 다 잃었다.
- 일본군은 약 1,000척의 함선인데, 그 피해는 미미했다.

품질 관리

- 프로젝트 매니저인 원균의 태만과 리더십 부족으로 병사들의 훈련을 제대로 실시하지 못했고, 그에 따라 사기도 땅에 떨어졌다.
- 격군의 부족으로 인해 항해 속도가 느렸다.
- 지휘관이 곤장을 맞는 등 치욕적이고 강압적인 명령에 의해 출전하였으므로 사전에 치밀한 전술이나 작전 계획을 수립하지 못하였다.

인적자원 관리

- 일본과 명나라의 강화조약이 장기화되어 협상이 지리멸렬한 상태에서 병사들의 군기가 느슨해짐으로써 사기가 크게 떨어져 있었다.
- 권율로부터 수차례 호출을 받아 질책을 당하고 곤장까지 맞으니 리더로서의 권위를 잃고 모든 것을 자포자기한 상태가 되었으며, 이렇게 두문불출한 원균을 참모들도 볼 수 없게 되자 팀워크가 약화되었다.
- 출전 시 군수 적재, 병사들의 피로도, 사기 등 모든 작전 요소가 갖추어지지 않았다.
- 군량미가 부족하여 도망자가 많아짐에 따라 전투 수행을 위한 적정 인원 규모를 갖추지 못했다.
- 참모 중에서 경상우수사 배설이 원균을 찾아가 칠천도의 외줄포에 정박하다가는 반드시 패한다고 하였으나 이를 무시하였으며, 참모들과 같이 돌파구 마련을 위한 적극적인 해결책 논의를 등한시하였다.

의사소통 관리

마지못해 출전한 전투였으므로 함대 이동, 진형, 함포 운용 등 전반적인 준비 태세가 미비하였고, 신호 체계나 연락 방법 및 작전 계획에 대한 참모 간의 긴밀한 협의도 부족했다.

리스크 관리

- 부산진 공격을 위해 두을포를 출발하면서 견내량을 대낮에 통과하여 외줄포에 도착했는데, 적은 이미 육지의 여러 곳에 망군을 배치해 둔 상태였으므로, 이는 아군의 이동 상황을 적에게 생중계한 것과 같았다. 또 낮 12시에 외줄포를 출항하여 옥포로 이동하였는데, 이 또한 대낮에 이동하였으므로 적이 아군의 이동 상황을 손금 보듯 알게 되었다.
- 부산포 공격이 실패로 끝나고 칠천량에 정박해 있을 때 적이 웅포, 안골포, 가덕진 등에서 쾌속선으로 3시간 거리에 있는데도 적에 대한 경계 대책을 강구하지 않았다.
- 적이 포위 공격하였을 때, 이를 헤쳐 나가는 방법이나 활로 제시 등 리스크 대응 계획이 없었다.

조달 관리

- 삼도수군통제사의 휘하에 있는 병력이므로 조달 관리는 없었다.
- 도망병을 보충할 추가 병력을 확보하거나 군수물자를 확충하는 등의 구체적인 조달 계획을 수행하지 않았다.

이해관계자 관리

- 이순신의 뒤를 이어 삼도수군통제사가 된 원균은 선조, 도원수 권율, 비변사와의 의사 소통을 제대로 하지 않았다. 원균은 권율로부터 곤장을 맞은 후 분에 못 이겨 출전하였는데, 칠천량에서 거북선을 포함하여 대부분의 전선을 잃었다. 원균뿐만 아니라 전라우수사 이억기, 충청수사 최호가 전사하는 결과를 초래하였다.
- 경상우수사 배설이 원균에서 '용기를 낼 때와 겁낼 때'를 구별해야 한다는 충언을 하였으나 이를 무시하였고, 참모진들과 원활한 의사 소통이 잘 안되었다.

통합 관리

- 수군의 군령권을 통제사가 가져야 하는데, 이 권한은 체찰사나 도원수에게 속해 있었으므로 수군에 대한 전문성을 가진 통제사가 제대로 지휘권을 발휘할 기회를 갖지 못했다.
- 프로젝트 계획을 체계적으로 수립하지 않은 상태에서 출전함으로써 실행이나 통제 단계의 모든 활동이 제대로 이행되지 않았다.
- 출전 전에 적에 대한 동태 파악, 전략과 전술, 연락책 등에 대해 명확하게 약속하고, 실전을 방불케 하는 훈련을 실시해야 했으나 원균은 권율의 곤장을 피하기 위해 일단 출전부터 하고 보았다.

- 칠천량에서 적의 습격을 받자 조선 함대는 두 방향으로 나누어 탈출을 시도하였으나 배설의 함대를 제외하고는 전멸하였다.
- 지휘자가 사라진 조선 수군은 오합지졸이 되어 대부분의 함선과 무수한 병력을 잃고 말았다.
- 종합적으로 볼 때 프로젝트 매니저인 원균은 이 모든 것을 극복할 수 있는 능력과 리더십이 부족했던 것으로 판단된다.

칠천량해전에서는 어떻게 프로젝트를 통제하고, 종료했을까?

칠천량해전에서 수행한 프로젝트 통제 및 종료와 관련된 활동들을 간략하게 분석해 보자.

프로젝트 통제

● 부산포 공격을 위해 이동하는 것까지는 계획대로 진행되었다고 볼 수 있으나 이후 적의 유인 매복 작전에 말려 아군에 대한 통제 작전을 제대로 수행할 수 없었다.

● 아군 병사들의 피로도에 대한 고려나 군수 보급 계획을 제대로 수립하지 않고 임기응변으로 대응하였다.

● 작전 범위를 주도적으로 결정하지 못하고 적의 교란과 매복 전술에 의해 후퇴하면서 칠천량까지 도달하게 되었으므로 범위 변경 관리를 제대로 수행하지 못하였다.

프로젝트 종료

- 원균 자신은 물론 참전한 수군 및 장수 거의 전원이 몰살당함으로써 종료 프로세스를 수행하지 못하였다.

칠천량해전에서 배우는 프로젝트 실행 :
실패 키워드 4가지

6

이제까지 칠천량해전을 프로젝트 관리의 세 번째 단
계인 프로젝트 실행이라는 관점에서 살펴보았다. 원균의 프로
젝트 관리 중 프로젝트 실행의 실패 키워드 4가지는 다음과 같다.

❶ 팀 관리를 제대로 수행하지 못했다.

통제사가 아니라 해전을 모르는 문신들이 군령권을 발휘함으로써
현장 상황을 분석하지 않고 선조의 명령만 하달하면서 억지로 출전을
종용하였다. 원균 역시 통제사로 임명된 후 강한 훈련으로 팀워크를
다지는 활동이 미흡하였고, 예하 장수들을 장악하지 못하였으며, 장
수들도 부대를 관리하지 못하여 수많은 도망자가 속출하였다.

❷ 의사소통 관리에 있어 정보의 원활한 흐름에 요구되는 정보 획
득이 이루어지지 않았다.

다양한 정보망을 통해 활용 가능한 정보를 생산 및 배포해야 하는

데, 정보 수집 노력이 부족했을 뿐만 아니라 심지어 경계선마저도 배치하지 않는 소홀함을 보였다. 반면 일본의 경우 원균의 성격 분석을 통해 저돌적 공격을 유도하는 한편 자체 정보선을 활용하여 조선 함대의 이동 경로를 정확히 파악하고, 이를 적절히 활용했다.

❸ 품질을 보증해야 할 핵심 역량, 즉 최고의 가치를 빌휘해야 할 거북선을 비롯한 함대 세력이 싸워 보지도 못하고 전멸되는 결과를 초래했다. 사전 전술 토론을 통한 작전 계획이 수립되지 않았고, 그로 말미암아 실행 단계에 가서 상황에 대처할 계획이 분명하지 않았다. 그러나 일본의 경우 이순신에게 패한 사례를 분석하고 야간을 이용하는 새로운 전술을 개발하여 적용했다. 또 조선 함대를 유인하여 전력을 약화시키고 육지 매복을 통해 일시에 기습 공격하는 계획을 수립하여 집행하였다. 이는 프로젝트 수행 시 기획 단계에서 10가지 지식 영역을 고려하여 치밀하게 계획을 수립하는 것이 얼마나 중요한지를 잘 보여준다.

❹ 실행 시 통합 관리할 치밀한 계획 없이 상황에 따라 작전을 집행함으로써 지휘관을 포함하여 함대 대부분이 전멸하는 참담한 결과를 초래했다. 특히, 원균이 일정 관리에 실패함으로써 배고픔과 기갈에 지친 병사들이 제대로 전투를 할 수가 없었던 것도 패전의 주요 요인이 되었다. 이것은 프로젝트 수행 시 착수-기획의 철저한 과정 없이 실행만을 수행하는 경우 어떤 결과를 초래하는지를 보여주는 사례라 할 수 있다.

■

3장

**부산포해전의 성공과 칠천량해전의 실패는
어떤 차이가 있을까?**

1

프로젝트 라이프 사이클에서는
어떤 차이가 있을까?

구분	핵심 키워드	부산포해전	칠천량해전
프로젝트 착수	프로젝트 헌장, 이해관계자	• 프로젝트 헌장, 이해관계자 분석을 심도 있게 시행함.	• 구체화된 프로젝트 헌장 없이 곧바로 출전함. • 계획 수립의 기초를 제공하지 못했음.
프로젝트 기획	프로젝트 관리 계획서	• 헌장에 따라 10가지 지식 분야를 고려한 세부적인 계획 수립	• 개괄적인 계획만 수립했고, 작전에 대비한 세부적인 대응 계획이 없었음.
프로젝트 실행	인도물	• 부산포를 공격하여 적선과 인명의 피해를 입혔으며, 적의 서진을 막음으로써 목표를 달성함.	• 부산포를 공격해보지도 못하고, 칠천량까지 후퇴하여 거의 전멸함으로써 목표를 상실함.
프로젝트 감시 및 통제	결과물 확인, 변경 통제 관리	• 사전에 리스크에 대한 대책을 수립하고, 통제 단계에서 리스크를 끝까지 추적 관리함. • 변경이 필요할 경우에는 참모들과 협의하여 결정함.	• 사전에 리스크에 대한 대책을 수립하지 않음으로 인해 통제 단계에서 우왕좌왕함. • 변경에 대한 절차가 없었으며, 지휘관의 독단에 의해 의사결정을 하는 경우가 많았음.
프로젝트 종료	교훈 정리, 자료 정리, 인력 복귀	• 〈난중일기〉, 〈임진장초〉를 통해 해전 상황을 상세히 기록으로 남김. 연합함대를 해산한 후, 병사들의 귀영을 끝까지 책임짐.	• 해전과 관련된 기록이 전무함. • 주요 지휘관 대부분 사망 및 도주, 프로젝트 종료 단계를 수행하지 못함.

프로젝트 지식 영역에서는
어떤 차이가 있을까?

구분	핵심 키워드	부산포해전	칠천량해전
범위 관리	범위 기준선	• 범위 계획 수립을 사전에 명확하게 확정함(부산포까지)	• 범위 관리에 실패 최초(부산포)→물마루(확장)→축소(칠천량) • 적의 의도에 끌려다님.
시간 관리	일정 계획서	• 사전에 치밀한 이동 및 공격 계획 수립(협수로 통과, 묘박지*, 안전 접근로 계산), 휴식 및 공격 시간 고려함.	• 시간 관리 계획 미흡, 적의 작전에 말려 시간 통제 기능 마비, 휴식 시간 없이 13시간 연속 노젓기로 녹초가 됨.
원가 관리	원가 관리 계획서, 전과 및 피해	• 적선 100여 척 격침, 적군 8,000여 명 살상	• 아군 전선 100여 척 손실, 주요 지휘관 등 병사 1만여 명 전사
품질 관리	품질 기준, 전략/전술, 품질 계획서	• 23일간 장기간 통합 훈련, 장사 돌진 전술, 전력 강화(함선 신규 건조 및 병력 확충)	• 훈련 부족, 전술 부재, 전력 약화(도망병 발생 등)
인적자원 관리	역할 분장, 인력 확보, 인적자원 계획서	• 지휘관별·함대별 명확한 역할 분장, 사기 충천, 백성들까지 자발적인 참여 • 리더의 확신에 찬 함대 운용	• 함대 전체의 사기 저하, 병력 부족, 팀워크 약화, 역할 분장 미흡, 리더의 자신감 부족

*묘박지(錨泊地)란? 선박이 계류하는 장소이다. 즉, 선박의 정박에 적합한 항내 지정된 넓은 수면을 말한다.

구분	핵심 키워드	부산포해전	칠천량해전
의사소통 관리	의사소통 계획서, 작전 회의	• 상황별 지휘관–참모 간 긴밀한 작전 회의 • 신호 체계 및 상호 연락 체계 완비, 다양한 정보망 배치 및 활용	• 지휘관–참모 간 소극적인 작전 회의(결론 없이 종료) • 신호 체계 및 상호 연락 체계 미흡 • 정보망 배치 및 활용 미흡
리스크 관리	리스크 식별, 리스크 대응 계획서, 대응 계획 수립 및 집행	• 출·입항, 협수로 통과 시 야간 이동, 투묘** 정박지를 숨기고 불시 이동으로 은폐, 먼저 수색 후 안전 기동, 적의 이동 상태 입체적 파악	• 출·입항 및 협수로 통과 시 이동 노출, 정박 시 지근거리에 적을 두고 경계선을 배치하지 않음.
조달 관리	조달 계획서	• 3개 함대로 통합함대 구성(경상우수, 전라좌·우수)	• 부족한 인력(노군) 및 군수(식수) 조달 계획 미흡
이해 관계자 관리	이해관계자관리 계획서	• 부하장수들과 효과적인 의사소통을 통해 이해관계자 관리가 잘 되었음.	• 이해관계자들과의 관계가 원만치 못했음(선조, 권율, 배설 등)
통합 관리	통합 관리 계획서	• 이순신에게 작전 통제권이 부여됨. • 장거리 이동을 위한 철저한 계획 수립과 실행 간 유기적 통합 관리	• 원균의 작전권 수행 불가(조정 및 도원수가 통제함.) • 프로젝트 계획 수립 미흡으로 실행 및 통제가 제대로 이행될 수 없었음.

**투묘(投錨)란? 닻을 내리는 작업을 말한다.

4부

위기의 프로젝트를 감시와 통제로 극복하라

1

절망에서 희망이 된 명량해전

조선 수군에게 절망에서 희망을 안겨준 명량해전의 해전도와 경과를 정리하면 다음과 같다.

해전도

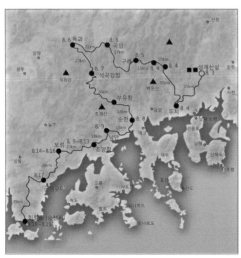

그림 4-1 **이순신의 육로우회 부임노정**(1597. 8. 3.~19.)

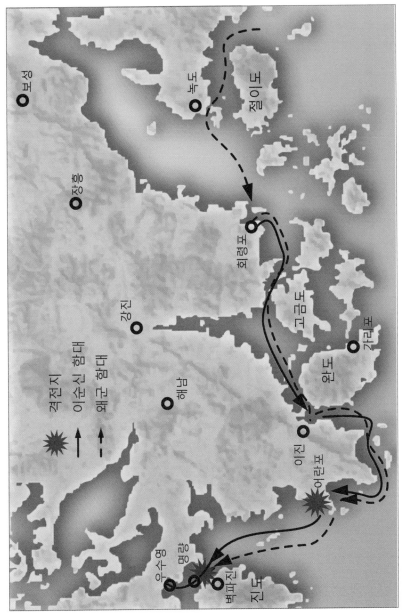

그림 4-2 **명량해전 적군 및 아군 이동로**(1597. 8. 20.~9. 16.)

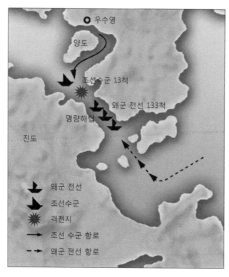

그림 4-3　**명량해전도**(1597. 9. 16.)

경과(1597년)

4월 1일

이순신에게 "백의종군하여 도원수 권율 휘하로 들어가라"는 명이 내려졌다.

6월 4일

4월 3일 한성을 출발한 이순신은 천안, 공주, 논산, 익산, 삼례, 임실, 남원, 구례, 순천, 하동, 산청을 거쳐 도원수부가 있는 합천 초계에 도착하였다. 꼬박 두 달에 걸친 긴 여정도 여정이었지만, 도중에 아산 본가에 잠시 들렀다가 순천 고음에 살던 어머니가 숨을 거두었다는 청

천벽력같은 소식을 들었다. 하지만 이순신은 백의종군의 몸이었으므로 장례조차 제대로 치르지 못한 채 남행을 서둘러야 했다.

6월 8일

도원수 권율이 진에 와서 이순신을 만났다.

7월 18일

새벽에 이덕필, 변홍달이 와서 3도 수군의 전멸 소식을 전했다. 도원수 권율도 "일이 이 지경이 되었으니 어찌할꼬……"하면서 대책을 세우지 못했다. 이에 이순신이 "내가 연해안 지방으로 가서 수군의 실정을 보고 들은 다음 대책을 강구하겠습니다"라고 말하고 군관 9명을 거느리고 패잔 전선 10여 척이 정박하고 있는 하동 노량진을 향해 출발했다.

8월 3일

이순신이 삼도수군통제사로 재임명되었다. 진주를 출발하여 구례현에 도착하였고, 병력, 무기, 군량을 확보하기 위해 일본 육군이 바싹 뒤따르는 위험을 무릅쓰고, 만 15일간 330km나 되는 내륙 지방을 우회했다.

8월 4일

곡성에 머물렀고 5일에는 옥과현에서 이기남 부자와 정사준 형제,

그리고 옥과현령과 만났다. 6일에는 송대립 등이 일본군을 정탐하고 돌아왔다. 9일에도 낙안을 거쳐 보성에 이르는 동안 순천부사 우치적 등이 합류해 왔다. 그리고 보성 등을 지나면서 장병을 취합하여 그 숫자가 60명에서 120명으로 늘어났는데, 이들은 대부분 자원해서 이순신 휘하에 합류한 병력이었다.

8월 11일

임진왜란 초부터 이순신을 수행하였던 송희립이 최대성과 함께 합류하였다.

8월 12일

거제현령 안위와 발포만호 소계남 등이 왔고, 다음 날(13일)에는 패전 직후 가족을 싣고 도망하여 물의를 일으킨 경상우후 이몽구도 나타났다.

8월 15일

선조의 유서를 받았는데, 내용은 '수군전폐론'이었다. 이순신은 참을 수 없어 장계를 올렸다. "임진년 이후로 적이 남쪽을 감히 유린하지 못한 것은 조선 수군이 있었기 때문입니다. 이제 와서 수군을 폐한다면 적이 쉽게 전라도를 거쳐 한강으로 올라갈 터인데, 그게 바로 제가 염려하는 것입니다. 아직 저에게 전선 12척이 남아 있고, 제가 죽지 않는 한 적이 감히 우리를 업신여기지 못할 것입니다."

8월 16일

보성의 군기를 검열하고 보성군수와 군관 등을 보내 도피한 관리들을 찾아오도록 하였다. 궁장인 지이와 태귀생 등이 들어왔고, 김희방과 김붕만 등도 합류하였다.

8월 19일

회령포에서 경상우수사 배설로부터 10여 척의 전선을 인수받았다. 여러 장수들에게 "한번 죽음으로써 나라에 보답하는 것이 무엇이 그리 아까운가! 오직 죽음이 있을 뿐이다!"하며 굳게 결사전을 다짐했다.■

8월 20일

진영을 회령포에서 이진으로 이동하였는데, 이순신은 고질이었던 곽란증세가 일어나 인사불성에 빠지는 등 병세가 심각하여 23일에는 육지로 나와 건강을 회복하였다.

8월 24일

병세를 회복한 이순신은 적 수군이 접근해 오고 있다는 척후의 보고를 받고 진영을 어란포로 이동했다.

8월 26일

임준영이 급히 말을 타고 와서 일본 수군이 이진(梨津)에 도착했다고 보고하였다.

8월 28일

오전 6시경 8척의 일본군선이 불시에 어란포 진영에 돌입하였으나 즉각 반격하여 해남반도 남단 갈두까지 추격하였고, 일본 수군의 후속선 50여 척이 조선 함대에 접근하고 있다는 척후 군관의 보고를 받은 후, 이날 밤 일본 수군이 어란포를 야습할 수도 있을 것 같아 진영을 다시 장도로 옮겼다.

8월 29일

아침에 진영을 다시 건너편 진도 땅 벽파진으로 옮겼고, 이곳에서 명량해전 직전까지 약 15일간 머물렀다.

8월 30일

주변에 정탐을 보내어 일본 함대의 이동 상황을 파악했다. 전함 10여 척의 빈약한 세력 탓에 병사들이 일본 함대에 대한 공포심을 갖고 있었으며, 경상우수사 배설은 해전 자체가 불가능하다고 판단하고 병을 핑계로 우수영으로 상륙한 후 9월 2일 다시 도주했다(그는 종전 후 고향인 선산에서 체포되어 참형되었다). 당시 이순신이 보유한 해군력은 전선

13척, 초탐선(정탐 활동에 쓰인 작은 함선) 32척으로 전쟁을 수행하기에는 역부족이었다.

9월 7일

오전 일찍 탐망을 수행하던 군관으로부터 일본 함대의 일부가 어란 앞바다에 이미 도착했다는 보고를 받았다. 오후 4시쯤 일본군선 13척이 달려들자 조선 수군이 맞서 공격하니 적들이 배를 돌려 달아나 버렸다. 이들을 먼바다까지 추격했다가 바람과 조수가 모두 거슬러 항해가 불가능하여 되돌아왔다. 이날 밤, 이순신은 야간 기습이 있을 것으로 예상하고 병사들에게 경계 태세를 갖추도록 명령하였다. 실제로 밤 10시가 되자 일본 수군의 야간 기습이 있었고, 이순신이 탄 배가 선두에 나서 지자포를 쏘며 물리치니, 이순신의 통찰력과 용맹성에 대한 병사들의 신뢰가 한층 더 높아졌다.

9월 8일~9월 9일

9월 8일에는 제장들을 벽파정으로 소집하여 작전 회의를 개최하였다. 9월 9일에는 중양절이라 제주도에서 가져온 소 5마리를 잡아 장병들을 배불리 먹여 사기를 진작시켰다.

9월 14일

북풍이 크게 부는 가운데 임준영이 일본 함대 200여 척 중 55척이 어란포에 도착하였다고 알려왔다. 또 붙잡혔다가 도망쳐 온 김중걸은 일본 수군이 조선 함대를 공격하기 위해 접근 중이라고 하였다. 지휘관 회의를 소집하여 정신무장을 시켰다.

9월 15일

세력이 약한 조선 수군이 명량을 등지고 진을 칠 수 없어서 진영을 전라우수영으로 옮겼다. 장수들에게 명량해로를 막아 지키기 위해서 진영을 이동한 경위를 설명하고 명령을 위반할 때는 조금도 용서하지 않겠다는 것을 다시 한 번 강조하였다. 장수들에게 이르기를 "병법에 '반드시 죽고자 하면 살고, 살려고 하면 죽는다'라고 말하고, 또 '한 사람이 길목을 지켜 천 사람을 두렵게 한다'고 한 것은 지금 우리를 두고 한 말이다. 너희 여러 장수들은 살겠다는 생각을 하지 말라. 조금이라도 명령을 어기면 군법으로 다스릴 것이다"라고 하였다. 이순신은 이와 같이 "필사즉생 필생즉사(必死則生 必生則死)"의 훈시를 통해 필사의 각오와 승전에 대한 자신감을 심어주었다.**2**

9월 16일

이른 아침에 "셀 수 없이 많은 일본군선이 명량해협을 통과해 우리 진영으로 다가오고 있다"는 별망군의 보고와 함께 명량해전은 시작되었다. 이때 일본 수군의 군선은 133척(밖에서 대기한 대선까지 포함하면 300척 이상), 조선 수군은 13척이었다. 싸움의 무대는 명량해협으로, 수로

길이는 약 2km, 좁은 곳의 폭이 약 300m, 최저 수심은 1.9m, 조류는 최대 11.5노트였다. 이곳은 20리 밖에서도 물 흐르는 소리가 들린다 하여 '울돌목'이라 불릴 정도로, 물살이 빠르고 수심이 얕아 항해하기 위험한 좁은 수로였다.

- 아침 7시 정조 이후 북서류가 시작되어, 일본 함대가 해협을 통과해 우수영 앞바다에 진격하기 쉬운 방향으로 조류가 흐르게 되었다. 따라서 7시경 일본 수군이 어란진을 출발한 것으로 보이는데, 이는 탐망선에 의해 즉각 이순신에게 보고되었다.
- 이순신 함대는 곧 장수들을 소집하여, 작전 지시를 내리고 장수들의 행동 방침을 정해주는 등 결전을 준비했다. 오전 9~10시경 전투 준비를 마치고 일본 함대를 기다렸다.
- 일본 함대는 어란진에서 명량 근처까지 온 후 함대를 나누어 본대는 해협 밖에서 대기하고 세키부네로 구성한 133척의 함대만 해협을 통과하였다. 일본군선의 주력선이자 전투력이 높은 아다케가 해전에 참여할 수 없었기 때문에, 조선 수군은 전투력에서 한 수 아래인 세끼부네 중심의 일본 함대를 격파할 수 있었다.
- 오전 11시를 전후하여 일본 함대가 이순신 함대를 에워싸면서 전투가 시작되었다.
- 전투 초기에는 세키부네 여러 척이 이순신이 탄 대장선을 여러 겹으로 포위하여 공격함으로써, 조선 수군이 불리한 상황으로 시작하였

다. 이순신의 대장선 1척만이 각종 포와 화살을 난사하며 일본 수군에 대응했고, 나머지 전선들은 주저하면서 전진하지 못하고 있었다. 일본 수군의 기세에 눌려 싸울 엄두를 내지 못했던 것이다. 이때, 이순신은 '일본 배 1,000척이라도 우리 전선을 당할 수 없다'는 것을 몸소 보여주려는 듯 최선봉에 나가 일본 함대에 포위당한 채 상당한 시간 동안 홀로 버티었다. 이후 신호 깃발 등으로 장군들을 불러내자 거제현령 안위와 중군장 김응함이 전진해 왔는데, 이들에게 군법에 따라 엄하게 다스리겠다고 질책하자 마침내 일본 함대에 돌격을 감행했고, 나머지 전선들도 함께 돌진하여 본격적인 접전이 펼쳐졌다.

- 조류가 고조에서 정조로 멈추었다가 남동류로 바뀌었다. 이때 조류를 탄 안위의 전선이 선두로 빠르게 돌진하였는데, 일본군선의 수가 많으므로 이내 포위되고 말았다. 이순신의 대장선과 주위의 군선이 안위의 전선을 구하는 동시에, 순식간에 31척을 격파하는 성과를 거두었고, 일본 수군 선봉에 섰던 구루시마 미치후사를 사살하여 끌어올린 뒤 목을 베어 높이 매다니 일본 수군의 기세가 꺾었다.

- 오후 2시경, 31척을 잃은 일본은 싸움을 중지하고 도망치기 시작했다. 승세를 탄 이순신 함대는 일본 함대를 추격하려 했지만 파도가 높고, 바람이 역풍이라 포기하고 밤늦게 당사도로 이동하여 정박했다. "이것은 실로 천행이다"라고 이순신이 〈난중일기〉에 기록한 바와 같이 수적으로 10배나 많은 일본 함대를 상대한 힘겨운 싸움이었다.

2

명량해전의 전과 및 성공 포인트 분석

명량해전에서 조선 수군의 전과와 일본 수군의 피해를 정리해보고, 이순신 제독이 승리할 수밖에 없었던 성공 포인트와 전략적 의의를 살펴보자.

전과 및 피해

- 전과 : 적선 31척 격침, 92척 파손, 왜장 구루시마 미치후사 외 18,466명 전사
- 아군의 피해 : 전사자 2명, 부상자 3명

성공 포인트 분석

첫째, 이순신이 정비한 13척의 전선 휘하에 정예 장병이 모여들면서 크게 증강되어 규모는 작지만 나름대로 강력한 함대를 형성하였다.

일본 함대는 명량의 협수로 때문에 주력함인 아다케를 활용하지 못하고 세키부네만으로 전투를 치르게 되었다.

둘째, 명량의 지형 지물과 조류를 이용한 점과 해로 차단 전술을 채택한 이순신의 뛰어난 전략 전술이 승리의 주요한 원인이 되었다.

셋째, 해전 초기 위급한 상황에서 스스로 선봉에 나서 단독으로 장시간 일본 함대와 전투를 계속함으로써 휘하 함대가 전열을 가다듬고 돌진해 승리할 수 있도록 만든 뛰어난 지휘 통솔 능력을 발휘했다.

넷째, 해상 의병과 주변 피난선들의 적극적인 협조와 전투 참여가 큰 힘이 되었다.

다섯째, 현지 주민의 자발적인 전투 참여와 군수 보급이 승리의 중요한 배경이 되었다.

전략적 의의

- 칠천량해전의 패배 이후 크게 약화된 조선 수군이 재기에 성공하였고 수군력 재건에 가속이 붙는 계기를 마련했다.
- 일본 수군의 서해 진출을 차단하여 서해의 제해권 방어에 성공했다.

3

명량해전에서는 어떻게 프로젝트를
착수했을까?

명량해전에서의 프로젝트 착수는 프로젝트 헌장 개발과 이해관계자 식별이라는 프로세스를 분석하였다.

프로젝트 헌장 개발

이순신이 백의종군을 하고 있던 1597년 7월 22일 조선 수군이 전멸했다는 장계가 선조에게 보고되고, 7월 23일 이순신이 다시 삼도수군통제사로 임명되었다. 그 후 통제사 임명장을 받은 것은 9일 후인 8월 3일이었다. 명량해전은 조정의 지시에 의한 것이 아니었으므로 프로젝트 헌장을 기술하는 것이 적합하지 않다.

이순신이 울돌목의 수로로 적의 대수군을 유인하는 계획을 구상할 수 있었던 것은 1591년에 그가 진도 군수로 부임했을 때 전라우수사에게 인사를 해야 했기 때문에 울돌목을 건너가게 되었고, 또 도체찰사 이원익의 전라도 일대의 순시를 수행한 1596년 윤8월에 이곳의 지형을 자세히 파악하여 보고하였기 때문이었다.

이해관계자 식별

칠천량해전에서 대부분의 아군 장수가 전사했기 때문에 명량해전
에서는 삼도수군통제사 이순신, 전라우수사 김억추, 경상우수사 배설,
원균 시절에 쫓겨난 이순신의 군관 9명(송대립, 유황, 윤선각, 방응원 등)이
주요 이해관계자라 할 수 있다. 그리고 일본 수군의 구루시마 미치후
사 외 2명의 장수도 이해관계자라 볼 수 있다.

명량해전에서는 어떻게 프로젝트를 기획하고, 실행했을까?

기획 및 실행 단계에서는 프로젝트 범위 관리에서 통합 관리까지 관리 전반을 다루고 있으며, 특히 명량해전에서는 울돌목이라는 지형에서 조류의 흐름을 활용한 계획을 수립하고 실행하였다.

범위 관리

배설 휘하의 전선 10여 척이 있던 회령포에서 이진, 어란포, 벽파진을 거쳐 명량해전이 벌어진 울돌목 및 우수영까지가 작전 범위였다.

시간 관리

- 8월 20일 배설의 함대 10여 척을 인수받아 직접 지휘한 것을 시작으로 9월 16일 명량해전까지 체계적으로 일정을 관리하였다.
- 8월 28일 어란진에 정박하고 있는데, 아침 8시경에 적선 8척이 습격

해 왔으나 이순신은 함대의 선두에 나서서 적선을 물리치고 맹렬히 추격하였다. 적의 후속선 50여 척이 아군에게 접근하고 있다는 첩보를 입수하고 함대를 장도로 옮겼다.

- 8월 29일에는 함대를 다시 벽파진으로 이동시켰다(이동거리는 약 27km).
- 9월 7일 육지의 탐망군관으로부터 적 55척이 어란진에 집결하여 그 중 13척은 아군을 습격할 준비를 완료하였다는 보고를 받았는데, 오후 4시에 이들이 아군 함선으로 접근해 옴에 따라 바로 요격하였다.
- 9월 7일 밤 10시에 적이 내습해 올 것을 감지한 이순신은 만반의 준비를 갖추도록 명령하고 기다렸다가 일본 수군의 야간 기습을 물리쳤다.
- 9월 9일 적선 2척이 벽파진에서 1,000 미터 전방에 위치한 감부도(진도군 고군면)에 나타나 우리 함대를 정찰하는 것을 탐지하였다.
- 9월 15일 밤을 이용하여 함대를 우수영으로 이동시켰다.

원가 관리

- 3도 수군 전체의 함선이 13척이었고, 일본 수군은 세키부네만 133척이었다.
- 일본군의 피해는 전선 31척이 격침되고, 92척이 파손되었으며, 왜장

구루시마 미치후사 외 1만 8,466명이 전사하였다.

- 아군의 피해는 전사자 2명, 부상자 3명이었다.
- 해상 의병, 피난선의 협조 및 전투 참여, 현지 주민의 군수 보급 덕분에 전투 가능한 최소한의 전력을 유지할 수 있었다.

품질 관리

- 적선의 동태를 정탐하고 적절하게 공격과 방어를 병행하면서 전투의 주 무대가 울돌목이 되도록 유인하였다.
- 울돌목의 좁은 해역을 선택하여 수적 열세를 만회할 수 있는 전략을 구사하였다.
- 해전이 발생할 장소와 조류 변동 시간을 아군에게 유리하도록 주도적으로 결정하였다.
- 주력함을 공격하여 침몰시키고 적장 구루시마를 사살하여 지휘 체계를 마비시켰다.

인적자원 관리

　● 이순신 함대가 선봉에 서고, 참모들이 뒤에서 횡렬진을 구성하는 방안을 연구하고, 벽파진에 주둔하는 동안 각자의 역할과 임무를 배정하고 훈련하였다.

- 중양절(음력 9월 9일)은 당시의 큰 명절이었다. 이순신은 이날 자신에게 바친 소 5마리를 잡아 장병들에게 나누어 주어 배불리 먹임으로써 사기를 크게 진작시켰다.
- 전투 개시 후 조류가 북서에서 남동으로 바뀌는 1시간 동안의 전투가 매우 중요히었는데, 이순신이 탄 배가 적의 선봉에서 결사전을 전개하여 적 수군의 울돌목 통과를 지연시킨 것은 명량해전 승리의 결정적인 관건이 되었다.
- 또 전투 초기에 두려워서 우물쭈물하며 일본 수군을 공격하지 못하고 있던 다른 함선들에게 이순신은 솔선수범하여 홀로 용감하게 싸우는 모습을 보여줌으로써 그들로 하여금 이내 용기를 되찾아 최선의 전투력을 발휘하게 하였다.

의사소통 관리

- 육지 주민과 어선을 이용하여 그물망처럼 정보 수집망을 운용함으로써 일본 함선의 이동 경로를 상세히 파악하였다.
- 벽파진에서 조류를 분석하고, 전투 중 함선의 이동 및 연락 방법 등에 대한 연구를 하고 실전처럼 훈련하였으며, 수시로 참모들을 소집하여 작전 회의를 하였다.
- 초요기(군사가 전진하거나 행진할 때에 이 장수들을 부르고 지휘할 때 쓰던)를 사용하여 그때까지 주저하고 있던 장수들을 불러내 독전하게 하였다.

- 안위가 포위되었을때 이순신과 다른 지휘관들이 협동으로 지원하였다.

리스크 관리

- 육지로 파견한 탐망군관 임준영이 보고하기를 적선 55척이 어란진에 집결 중이며, 그중 13척은 어란에 도착하여 공격 준비를 하고 있다는 첩보를 받고 대책을 논의하였다.
- 9월 15일 조류의 흐름을 이용하여 밤에 함대를 벽파진에서 우수영으로 이동시킴으로써 적의 첩보 활동을 차단하였다.
- 적에게 쉽게 노출되어 집중적인 공격을 받을 수 있는 벽파진에서 15일 동안이나 체류함으로써 적을 울돌목으로 유인하는 과감한 위험 감수 전술을 취하였다.

조달 관리

- 삼도수군통제사로서 총괄 지휘를 맡은 상황이었으나 조정이나 상급 부서에서 지원해줄 수 있는 환경이 아니었으므로 대부분 민간을 통한 자체 조달로 해결하였다.
- 이순신에게 가면 살길이 열린다하여 피란선 100여 척이 우수영으로 집결하였고, 이 가운데 많은 백성들이 자진하여 전투에 참전하였다.

- 이순신은 모여든 어선 100여 척을 전선으로 위장시켜 본진 뒤쪽에 배치하여 활용하였다.
- 군수물자 조달이 쉽지 않은 상황에서 백성들이 자발적으로 군량미를 제공함으로써 백성들도 군수의 일부분을 감당하였다.

이해관계자 관리

- 이순신은 비록 적은 수의 병력이지만 죽기를 각오하고 싸우면 이길 수 있다는 정신력을 부하들에게 불어넣었다.
- 주변 피난선들이 스스로 전투함으로 위장하고, 현지 주민들 또한 자발적으로 전투에 참여함과 동시에 군수 보급도 지원하였다.
- 적장 구루시마 미치후사 등 이해관계자의 성향을 파악하여 유리한 지형으로 적을 유인하는 전략을 구사했다.

통합 관리

- 정보선을 이용한 치밀하고 용의주도한 유인 작전을 펼쳤다.
- 열위의 세력을 극복할 수 있는 지형과 시간을 선택하였다.
- 이순신은 명량의 조류를 이용하는 것을 적에게 감추기 위해 명량의 입구인 벽파진에서 15일간 정박하면서 적 수군이 공격해 오도록 유인하였다.

- 척후장의 보고로 어란진에 적선 100여 척이 집결 완료하였으며, 16일쯤 명량으로 들이닥칠 것 같다는 보고를 받은 후, 대책을 논의하였다.

- 9월 16일 이른 아침에 적들이 몰려온다는 정보를 척후 군관이 달려와서 보고하였으므로 아군도 전투태세를 갖추었다.

- "반드시 죽고자 하면 살고, 살려고만 하면 죽는다(必死則生 必生則死)"는 정신과 "한 사람이 길목을 지켜 능히 천 사람을 두렵게 만들 수 있다(一夫當逕 足懼千夫)"는 원리를 참모들에게 주지시켰다.

- 적 수군은 오전 11시경에 명량해협 앞 바다에 나타났으며, 이 당시의 조류는 적에게 매우 유리한 상황이었으며, 12시 48분경부터 조류가 남동 방향으로 변경되므로 1시간 정도를 버티는 것이 매우 중요하였다.

- 이순신 지휘함만 남고 나머지는 모두 해류에 떠밀려 내려갔고, 이순신 지휘함은 노를 빨리 저어 적선 10여 척 속으로 돌격함으로써 전투가 시작되었다.

- 이순신은 나팔을 불게 하고, 돛대 꼭대기에 초요기를 매달아 중군장 김응함을 호출하였고, 먼저 달려온 안위를 질타하여 공격을 독려하였다.

- 이때 아군에게 유리하게 조류가 바뀌어 나머지 이순신 함대도 적선에 침투하여 격파 및 화공 공격을 통해 적함을 침몰시켰다.

5

명량해전에서는 어떻게 프로젝트를 통제하고, 종료했을까?

명량해전에서 수행한 프로젝트 통제 및 종료와 관련된 활동들을 간략하게 분석해 보자.

프로젝트 통제

- 조선 함대가 적의 숫자에 놀라 전의를 상실해 가고 있을 때 이순신은 맨 선봉에서 지휘하며 아군에게 활력을 불어넣었다.

- 이순신은 조류가 북서에서 남동으로 아군에게 유리하게 변경되는 데 필요한 1시간을 우리 함대가 버틸 수 있도록 휘하 장수들에게 모범을 보이고 또 맹렬히 독려하는 등 적극적인 통제 관리를 수행하였다.

- 초요기를 이용하여 중군장을 불러들이고, 안위가 공격하도록 독려하여 다른 참모들의 적극적인 전투 참여를 이끌어 내었다.

- 적장의 머리를 매달아서 아군의 사기를 극대화시키고 적의 기세를

꺾었다.

프로젝트 종료

- 이순신은 〈난중일기〉에 정유년(1597년) 음력 8월 24일부터 9월 16일 까지 명량해전과 연관된 중요한 기록을 남겼다.
- 명량해전의 승리 요인을 정리해보면 다음과 같다.

　　첫째, 이순신이 명량해협의 좁은 지형과 빠른 조류를 효과적으로 활용했기 때문이다.

　　둘째, 명량해전 역시 이전의 다른 해전과 마찬가지로 총통 대 조총의 대결이었는데, 함선에 총통을 장착한 이순신 함대가 압승하였다.

　　셋째, 해협이 좁아 일본 전선은 모두 세키부네만 참가하고 주력선인 아다케가 참전하지 않았기 때문에 우리의 주전술인 함포 사격이 주효하였다.

이순신의 명량해전에서 배우는 프로젝트 통제 : 성공 키워드 7가지

6

이제까지 명량해전을 프로젝트 관리의 네 번째 단계인 프로젝트의 감시와 통제라는 관점에서 살펴보았다. 이순신의 프로젝트 관리 중 프로젝트 감시와 통제의 성공 키워드 7가지는 다음과 같다.

❶ 백의종군 중 통제사로 재임명된 후 15일간 내륙을 우회하면서 병력, 무기, 군량, 정보 등 자원을 확보했으며, 이를 전투에 투입할 수 있도록 하였다. 특히 백성들의 적극적인 참여를 유도하여 거의 무에 가까웠던 수군을 단시간에 재건하였다.

❷ 또 이순신의 애국정신에 감화를 받은 군사들이 죽기를 각오하고 싸우겠다고 모여들므로, 비록 작지만 강한 함대를 구축했다. 즉 병사들이 일당백의 전력을 발휘할 수 있도록 "필사즉생 필생즉사"의 정신력으로 무장시켰다.

❸ 이순신은 수군폐지론이 대두된 고사 직전의 함대를 가지고 승전으로 사기충천한 일본 수군의 거대 함대를 맞아 싸우게 되었다. 열세 함대로서 강한 함대를 극복할 수 있는 방법은 무엇일까? 이순신은 꿈속에서 신인(神人)을 만날 정도로 깊이 고민을 했다. 이런 고민 끝에 이순신은 적의 다수 세력이 동시에 전력을 사용할 수 없는 지역을 선정하였다. 즉, 대형함은 들어갈 수 없고 소형함정만 드나들 수 있는 협수로(울돌목)로 적을 유인할 계획을 세웠는데, 이는 우세한 일본 수군의 함대를 좁은 명량해협에 가두어 놓고 조선 수군의 함선은 해협 입구를 가로막고 있다가 해협을 빠져나오는 적함선을 집중 공격하는 것, 즉 적의 수요가 아무리 많더라도 길목을 지키면 1:1과 같은 비율의 싸움이 될 수 있다는 원리를 적용한 것이다.

❹ 피할 수 없는 결전의 시간이 다가오자 과감한 위험 감수 전술을 채택했다. 13척의 세력으로 130여 척을 맞아 싸운다는 것은 무모하기 이를 데 없는 전투 상황이었다. 그러나 이순신은 피할 수 없는 결전이므로 모든 위험 대응 계획(Risk Response Plan)을 철저히 수행하였다.

❺ 하루에 4번씩 바뀌는 강한 조류의 흐름을 정밀히 파악하여 가장 유리한 시간대를 이용하였다. 즉, 이순신은 조류에 맞추어 명량해협으로 들어온 적선을 맞아 약 1시간을 버팀으로써 조류가 바뀌어 아군이 전투하기에 유리한 상황을 만들었다.

❻ 약한 세력을 보완하기 위해 어선을 동원하여 함대 세력으로 위장하여 조달 통제 계획을 충실히 수행하였다. 백성들을 정보 조달원으로 적극 활용하여 적의 동태를 손바닥 들여다보듯이 확인하여 13척의 전선을 끝까지 보존할 수 있었다.

❼ 백의종군 후 통제사로 재임명된 지 1개월 반 만에 치러진 전투이며 조정으로부터 군수 지원을 받을 수 없는 여건이므로 전선 준비, 훈련, 인적, 물적 자원 확보 등 종합적인 통제 계획을 집행하는 데 어려운 환경이었다. 그러나 감시 및 통제 시 요구되는 11가지 요소를 고려하면서 마지막 결전장으로 적을 유인하는 정밀한 통제를 수행하였다. 특히 명량해전 개전 15일 동안 벽파진에 머무르면서 부하 장졸들에게는 휴식을 취하도록 하고 무기 체계 정비, 군수물자 확보 등 마지막 결전 준비를 충실히 갖춤으로써 통합 변경 통제를 수행할 수 있었다.

윤리 실천, 프로젝트 성공을 위한 이순신의 철학

영화 〈명량〉은 불굴의 리더십을 보여준 이순신 장군에 대한 이 시대의 목마름을 증명하듯 많은 관객들이 찾았고, 1,800만 명이 영화를 관람했다. 이 영화를 보면서 '이순신은 어떻게 이처럼 위대한 리더십을 발휘할 수 있었을까?'를 생각해보았다. 수면 아래 잠겨 있는 빙산의 밑 부분처럼 이순신의 정신 세계 근저에 그 무엇이 기적과도 같은 승리를 이끌었던 동력으로 작용한 것일까?

이순신의 철학을 한마디로 정의내릴 수는 없지만, 이순신의 마음 깊은 곳에 뿌리 내린 '도덕적 가치'에 주목할 필요가 있다. 그 가치에서 우리는 우리 사회를 병들게 하고 있는 모럴 해저드의 난맥상을 풀어 갈 실마리를 찾아야 한다. 이순신의 정신 세계와 의식 구조를 받치고 있는, 윤리적 보편 가치에서 우리 사회를 치유할 해답을 얻을 수 있다.

프로젝트관리(PM)에서는 윤리강령이란 것이 있다. 글로벌 시대 프로젝트를 수행하는 사람들이 추구해야 할 윤리적이고, 도덕적인 가치를 명시한 것으로 '책임, 존경, 공정, 정직' 등 네 가지로 요약할 수 있다. 이 덕목들은 동아시아의 전통적인 유교적 도덕 가치인 인의예지신(仁義禮智信)과도 연관성이 있다. 이순신은 7년 전쟁 속에서 PM의 4가지 강령을 잘 실천하였다.

첫째는 책임이다. 이순신은 책임을 다하는 데 있어 단순히 맡겨진 임무를 완수하는 것이 아니라 전체의 국면을 보면서 목숨을 걸고 완수하겠다는 마음가짐이 있었다. 그는 전라좌수사 시절, 왜구의 침입에 대비해 스스로 거북선을 만들었고, 육군 전술인 학익진을 해상에 시도했으며 함포전을 준비했다. 이는 주어진 임무만 수동적으로 완수한 것이 아니라, 발상을 전환하고 더 높은 차원에서 완벽하게 완수한 것이다. 그는 임박한 전쟁 상황에서 몇 차례나 언급했듯 "죽기로 하겠다"는 각오로 충만했다.

둘째는 존경이다. 이순신은 존경을 뛰어넘는 '사랑'이라는 최고의 가치를 실천했다. 부모를 극진히 사랑하는 '효'를 바탕으로 나라 사랑, 백성 사랑, 부하 사랑을 실천했다. 억울한 누명을 쓰고 심한 고문을 당하고 백의종군하면서도 나라를 위해 몸 바치겠다는 각오에는 조금의 흔들림도 없었다. 전쟁을 수행하는 와중에도 둔전을 설치해 피난민들의 굶주림까지 해결했으며, 부하 사랑을 몸소 실천함으로써 최고의 사기를 유지하고 백성과 군 모두에게 확고한 신뢰를 구축했다.

셋째는 공정이다. 이순신은 공정을 지키기 위해 자신의 이익을 철저히 배제하고 공익만 따랐다. 지위고하를 가리지 않는 엄격한 신상필벌, 전투 시 선봉에 서는 것은 물론이고 매사에 솔선수범하는 등 그 누구도 흉내낼 수 없을 정도로 엄중했다. 노산 이은상 선생은 이순신을 '정돈된 인격자'라고 평가했다.

넷째는 정직이다. 이순신은 당시 사회적 관행과는 동떨어진 정직을 묵묵히 실천했다. 이 때문에 상관들로부터 정당한 평가를 받지 못하고 파직, 백의종군 등의 수난을 겪었다. 하지만 정직을 실천함으로써 누구에게도 부끄럽지 않아 용기가 샘솟았고, 부정에 눈멀지 않아 지혜롭게 매사를 처리할 수 있었다. 즉 청렴과 도덕성으로 초지일관했기 때문에 거침없는 용기와 지혜로 임진왜란이라는 미증유의 국난을 극복하는 데 위대한 업적을 이룰 수 있었다.

이순신은 바다를 버리고 육군에 합류하라는 왕명에도 불구하고 "신에게는 아직도 열두 척의 배가 남아 있습니다"라는 비장한 결의를 통해 죽음을 불사하는 '공의로운 책임감'을 보여주었다. 바로 여기에서 왜군 함선 133척을 유인해 사실상 궤멸시키는 전략과 전술이 나왔다. 그로부터 430년이 지난 지금, 오늘을 사는 우리들은 우리 핏속에 흐르고 있는 '이순신 정신'을 되살려야 한다. '이순신 정신'은 숭고한 가치다. 우리들 한 사람 한 사람이 '이순신 정신'을 몸과 마음으로 체화한 작은 이순신이 되어 이 땅에서 희미해져가는 도덕과 윤리를 바로 세우는 기적의 승리자가 되기를 염원한다. 이것이 프로젝트에서 이순신 윤리 정신의 힘이었다.

5부

제5법칙
프로젝트 종료는 온몸으로 완수하라

이순신 최후의 결전, 노량해전

이순신 제독이 온몸을 던져 승리한 노량해전의 해전도와 경과를 정리하면 다음과 같다.

해전도

그림 5-1 **노량해전도**(1598. 11. 18.)

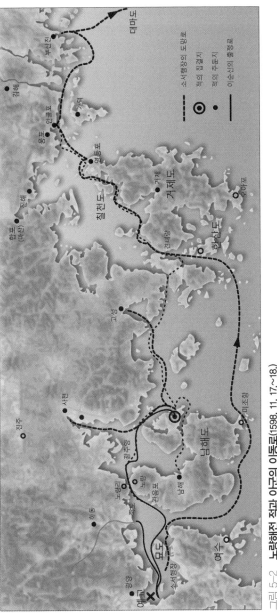

그림 5-2 **노량해전 적과 이순신의 이동로**(1598. 11. 17.~18.)

경과(1598년)

10월 중순 고니시 유키나가는 명나라 총병(총사령관) 유정 측과 강화 협상을 진행했다. 유정이 철군을 허락하는 대가로 예교성을 넘겨받기로 한 것이었다. 신린과 이순신의 조·명 연합함대는 이 협정에 제동을 걸었다.

11월 13일 고니시의 10여 척의 선발대가 부산 쪽을 향하다가 묘도에 주둔 중인 연합함대에 격퇴당해 예교성으로 다시 도망쳤다. 고니시가 유정에게 진린과 이순신에게 뇌물을 써서 퇴로를 열어주도록 간청하였다. 고니시는 뇌물을 받은 진린의 묵인하에 소선을 남해 쪽으로 보내 구원을 요청하였고, 이 사실을 뒤늦게 안 이순신은 장수들과 대책을 논의하였다.

11월 18일 고니시의 요청대로 구원군이 올 경우 앞뒤에서 협공을 받을 우려가 있으므로 예교성에 있는 고니시의 군대보다 그를 구하러 오는 구원군을 먼저 공격하기로 작전을 세우고 노량해협 근해로 함대를 이동하였다.

- 진린도 이순신의 요청에 동의하여 함께 노량해전에 나서게 되었다.
- 일본 함대가 노량해협을 통과해 올 것을 예측하고 해협을 지키다가 통과할 때 요격하자는 작전 계획을 세웠다.
- 진린 함대는 노량 좌측 곤양 방면에 대기했고, 이순신 함대는 해협 우측인 관음포 우측에 포진했다.

11월 19일 새벽 2시경. 양측 함대가 노량 해구에서 만나 전투가 시작되었다. 조·명 연합함대의 전선은 140여 척, 일본 수군의 전선은 300여 척이었다.

● 일본 함대가 먼저 조총을 발사해 앞에 섰던 우리 군사들이 쓰러지면서 전투가 개시되었다.

● 조·명 연합함대는 북서풍을 이용하여 화공을 펴면서 일본 함대가 불리한 상황으로 전개되었다.

● 일본 함대는 큰 타격을 입고 전투를 계속하면서 퇴로를 찾아 남해도 연안을 따라 관음포 쪽으로 함대를 이동했다. 이때 일본 함대는 이곳을 남해도로 돌아가는 해로로 착각하고 포구 안으로 진입하였다.

11월 19일 날이 밝자 관음포에 갇혔다는 것을 알게 된 일본 함대의 일부 병력은 남해도로 상륙하여 도주하였고, 나머지 함대 전체는 포구를 탈출하기 위해 죽기를 각오하고 해전에 임할 수밖에 없었기 때문에 임진왜란 해전사상 가장 격렬한 전투 상황이 전개되었다.

● 진린의 배가 포위되었을 때 이순신이 구하고, 이순신의 전선이 위험에 빠지자 다시 진린이 이순신을 구했다.

● 이런 격전 중에 이순신은 일본군의 총탄에 맞고 전사하게 되었다.

이순신이 "싸움이 한창 급하다. 삼가 내 죽음을 발설하지 말라"는 유언을 남기고 운명하였으며, 장자 회와 조카 완 등이 독전을 계속하며 끝까지 전투를 수행하였다.

2

노량해전의 전과 및 성공 포인트 분석

노량해전에서 조선 수군의 전과와 일본 수군의 피해를 정리해보고, 이순신 제독이 승리할 수밖에 없었던 성공 포인트와 전략적 의의를 살펴보자.

전과 및 피해

- 전과 : 적선 200여 척 격침, 적군 수천 명 사상(예교성의 고니시 유키나가는 전투가 한창일 때 그 틈을 이용, 묘도 서쪽 수로를 통과하여 남해도 남쪽을 돌아 부산 쪽으로 탈출했다.)
- 아군의 피해 : 삼도수군통제사 이순신, 가리포첨사 이영남, 낙안군수 방덕룡, 흥양현감 고득장 등 장수급 10여 명 전사 총 200여 명 사상

성공 포인트 분석

명나라 수로대장 진린은 조·명 연합함대의 최고 지휘관으로서 모든 결정권을 행사했다. 부하들을 때리고 욕하기를 함부로 하고, 노끈으로 찰방 이상규의 목을 매어 끌어서 피투성이가 되게 할 정도로, 성품이 사납고 무례했으나 이순신은 처음부터 진린의 욕구를 만족시키는 방향으로 노력하였다. 접대를 극진히 했을 뿐만 아니라 노량해전 이전에도 몇 차례 전투에서 거둔 전공을 대부분 그에게 돌렸다.

첫째, 풍향을 이용한 화공 작전을 감행하여 초기에 기선을 제압하였던 점이다.

둘째, 적이 오는 길목을 미리 파악하여 진을 치고 적을 맞을 준비를 하고 있었던 점이다.

셋째, 명나라의 진린이 적극적으로 전투에 참여하도록 유도한 점이다.

전략적 의의

- 임진왜란의 마지막 전투이자 가장 치열했던 전투였으며, 7년을 끈 이 전쟁의 대미를 승리로 장식하였다.
- 조선 수군의 우수성을 대내·외에 과시하였다.
- 수군이 갖는 전략적인 역할을 훌륭히 수행하였다.

3

노량해전에서는 어떻게 프로젝트를 착수했을까?

노량해전에서의 프로젝트 착수는 프로젝트 헌장 개발과 이해관계자 식별이라는 프로세스를 분석하였다.

프로젝트 헌장 개발

1598년 11월 18일 노량으로 파견한 쾌속 전령선으로부터 이날 오후 6시에 무수한 적선이 노량에 도착했다는 보고를 받음에 따라 오후 10시에 노량으로 출발하였다.

이해관계자 식별

명나라 제독 진린, 통제사 이순신, 고시니 유키나카, 경상우수사 이순신 및 이순신의 참모 지휘관들이 이해관계자들이다.

4

노량해전에서는 어떻게 프로젝트를 기획하고, 실행했을까?

기획 및 실행 단계에서는 프로젝트 범위 관리에서 통합 관리까지 관리 전반을 다루고 있으며, 특히 노량해전에서는 적의 퇴출로를 차단하고 적의 기습에 대응하기 위해 신속한 이동 계획을 수립하고 즉시 실행에 옮겼다.

범위 관리

● 순천 예교 앞바다에서 노량해협까지가 작전 범위였다.

● 이순신은 전쟁할 의지가 약한 진린 함대를 죽도에 배치하고 이순신 함대는 관음포 앞바다에 결진하여 대기하였다.

시간 관리

● 11월 18일 오후 10시에 순천 예교 앞바다를 출항하여 19일 새벽 2시

경에 노량 앞바다에 도착하여 4시부터 8시까지 격렬하게 전투를 수행하였으며, 정오경에 모든 전쟁 상황은 종료되었다.

- 신속한 기동과 배치를 통해 적의 길목에서 전술적 우세 지역을 선점하는 시간 계획을 수립하였다.

원가 관리

- 아군은 전선 83척에 수군은 약 1만 7,000명이었다.
- 명 수군은 전선 63척, 병력 2,600명이었다.
- 왜군은 약 300척, 병력은 6만 여 명이었다.

품질 관리

- 적의 기습을 받지 않고 적의 침투로를 미리 파악하여 진을 치고 대기하고 있었다.
- 진린 함대가 본격적으로 전투에 참여하였고, 조·명 연합군이 혼연일체가 되어 연합 작전이 효과적으로 이루어졌다.
- 풍향을 이용한 화공 작전을 감행하여 전쟁 초기에 기선을 제압하였다.
- 유리한 지역을 선점하여 공격이 유리하도록 했다.

인적자원 관리

● 명나라 진린과의 업무 분장을 사전에 명확히 하였다.

● 진린과 끝까지 원활한 관계를 유지함으로써 신뢰를 구축했고, 조·
명 연합함대가 서로 협력하여 전과를 높였다.

● 전쟁의 승리를 위해 본인의 죽음을 발설하지 말도록 하고 계속 전쟁
을 독려한 점은 리더로서 살신성인의 정신을 보여준 대표적인 사례
라고 할 수 있다.

의사소통 관리

● 진린의 묵인하에 남해 쪽 일본 수군에 구원을 요청했다는 정보를
입수한 즉시 참모들과 대책을 논의하고, 작전 계획을 수립했으며, 진
린에게 신속히 통보함으로써 일사분란한 의사소통 체계를 마련하
였다.

● 적이 순천 예교성을 지원하기 위해 노량해협이나 미조항을 통과할
것으로 예상하여 탐망선을 보낸 결과 노량해협에서 적선을 발견하
고, 쾌속선으로 이순신에 보고하였다.

● 이순신이 직접 독전고 북채를 잡고 공격을 독려하였다.

● 이순신 본인의 사망 소식을 내·외부에 알리지 말도록 지시함에 따
라 전쟁 종료 시까지 전파되지 않았다.

리스크 관리

- 진린이 적의 전령선을 통과시킨 것을 뒤늦게 알게 된 이순신은 일본 수군의 원군이 틀림없이 곧 내습할 것으로 보고 경상우수사 이순신을 급파하여 노량을 감시, 경계하게 하였다.
- 이순신은 적의 구원병이 미조목을 통과할 가능성도 전혀 배제할 수 없었기 때문에 그곳에 발포만호 소계남, 당진만호 조효열 등 만호 두 사람을 파견하여 경계를 강화하였다.
- 정작 이순신 자신은 적의 유탄에 대한 대비가 소홀하였다.

조달 관리

- 진린의 명나라 수군을 노량해전에 참전하게 하였다.
- 추가적인 인적자원 조달이 없었다.

이해관계자 관리

- 조명연합군이 효과적으로 작전을 펼칠 수 있도록 명나라 제독 진린의 성격을 파악함과 동시에 아군과 협조적인 관계를 유지하기 위한 전략을 수립하여 실행에 옮겼다.
- 일본 장수 고니시 유키나카의 퇴로를 차단하기 위해 참모 지휘관들

과 긴밀하게 협의하고, 명나라 수군과도 좋은 관계를 유지하였다.

● 급박한 전쟁 상황으로 인해 이순신 제독뿐만 아니라 많은 부하장수들과 명나라 장수들이 전사하는 결과를 초래하였다.

통합 관리

● 명나라 진린의 전쟁 참여를 이끌어 냄과 동시에 연합 함대로서의 작전 계획을 조선 함대가 수립하여 공유하였다.

● 1598년 11월 19일 오전 4시경에 왜 수군의 대함대가 관음포 앞바다에 이르자 이순신 함대는 일제히 공격하였다.

● 풍향을 이용한 화공 작전을 감행하여 초기에 기선을 제압하였다.

● 임진왜란 7년 전쟁 중에 가장 격렬한 전투를 치렀으며, 이제 마지막 전쟁의 마무리 단계에서 적의 유탄이 이순신 통제사의 왼쪽 심장을 관통하여 사망하게 되는데, 이순신이 그의 부하에게 "내 죽음을 발설하지 마라"고 한 후 급히 방패로 자기 몸을 덮게 했다. 말이 끝난 후 절명하였다. 이순신의 나이는 만 53세였다.

● 유형, 송희립도 모두 적탄에 맞았으나 상처를 싸매고 싸웠다.

● 적군 300여 척 중에서 200여 척이 대파되고 100여 척이 도망을 갔으며, 전사자는 수천 명에 달하였다.

● 아군은 통제사 이순신, 가리포첨사 이영남, 낙안군수 방덕룡, 흥양현감 고덕장 등의 10여 명의 장수가 전사하였으며, 전체 사상자수

는 약 300명 정도로 추산된다.

- 명나라는 등자룡, 도명재 장수가 전사하였다.

노량해전에서는 어떻게 프로젝트를 통제하고, 종료했을까?

5

노량해전에서 수행한 프로젝트 통제 및 종료와 관련된 활동들을 간략하게 분석해 보자.

프로젝트 통제

- 11월 18일 이순신이 노량으로의 출병을 진린에게 보고하자 그가 반대하였는데, 이순신은 그의 제지를 뿌리치고 적을 요격하기 위해 나팔을 불게 하여 함대의 출항을 명령하였다. 이에 진린은 부득이 이순신 함대의 뒤를 따랐다.

프로젝트 종료

- 프로젝트 매니저인 이순신 통제사가 프로젝트 종료 전에 사망하였으나 프로젝트 팀원들이 프로젝트를 끝까지 마무리했다.

이순신의 노량해전에서 배우는 프로젝트 종료 : 성공 키워드 3가지

이제까지 노량해전을 프로젝트 관리의 다섯 번째 단계인 프로젝트 종료라는 관점에서 살펴보았다. 이순신의 프로젝트 관리 중 프로젝트 종료의 성공 키워드 3가지는 다음과 같다.

❶ 조·명 연합함대의 복잡한 지휘 체계 안에서도 진린과는 평소에 쌓은 신뢰를 바탕으로 연합 작전을 주도했으며, 승리하는 최후의 프로젝트로 이끌어 내었다.

❷ "싸움이 한참 급하다, 삼가 내 죽음을 발설하지 말라"라고 하여 죽음까지도 불사하면서 프로젝트 완성에 온몸을 바쳤다.

❸ 그는 평소 나라와 백성을 위해 죽는 것을 최고의 영광으로 여겼다. 그는 자신의 길을 묵묵히 끝까지 걸어갔다. 이것은 아름다운 완성이요, 종료였다.

노량해전의 역사적 의의 6가지는 다음과 같다.

첫째, 임진왜란 기간 중 최대의 전과(200척의 함선을 격침)를 가져왔기 때문에 조선 수군의 우수성을 다시 한 번 과시했다.

둘째, 일본군의 퇴로를 막고 일격을 가해 쾌거를 거두었다.

셋째, 수군이 갖는 전략적인 역할인 제해권의 확보를 성공적으로 수행하였다.

넷째, 조·명 연합함대의 모든 작전권은 명나라가 가지고 있었는데, 노량해전은 조선 수군이 주도한 연합 작전이었다.

다섯째, 이순신이라는 명장을 잃어 버리는 손실을 입었다.

여섯째, 임진왜란 7년의 종지부를 찍었다.

책 속의 책

성공과 실패를
결정하는 프로젝트란 무엇인가?

⠿

프로젝트를 성공적으로 수행하느냐 실패로 마감하느냐는 프로젝트를 수행하는 사람들이 프로젝트 관리에 대한 이론적인 지식을 얼마나 알고 실천하느냐에 달려 있다. 이 책의 1부에서 5부까지 다룰 이순신 해전을 프로젝트 관리라는 관점에서 분석하기 위해서는 무엇보다 그 이론적 토대를 견고히 해야 할 필요가 있다. 따라서 〈책속의 책〉에서는 프로젝트 관리에 대한 기본을 다질 수 있도록 구성하였다. 프로젝트 관리에 대한 공부를 이제 막 시작한 사람은 물론이거니와 어느 정도 공부를 하여 사전 지식이 있는 사람이라도 간결하게 정리된 프로젝트 관리의 이론적 기초 지식은 매우 유용할 것이다. 짧고 쉬운 말로 설명된 이 개요가 입문자에게는 프로젝트 관리에 대한 선명한 그림을 그려볼 수 있게 하고, 조금 앞선 사람들에게는 자신의 이론을 좀 더 공고히 다지는 데 도움을 줄 것이기 때문이다.

:

    누군가가 여러분에게 "프로젝트는 무엇이고, 프로젝트 관리는 또 무엇인가?"라고 물어본다면 여러분은 어떻게 대답하겠는가? 또 "프로젝트는 어떤 단계를 거쳐 수행되는가?", "프로젝트 관리자는 누가 선정하고, 어떤 역할을 하는가?", "이해관계자들은 또 어떤 역할을 하는가?", "프로젝트를 잘 관리하려면 프로젝트에 참여하는 사람들에게 어떤 지식이 필요한가?", "프로젝트를 둘러싼 환경적인 요인은 무엇인가?", "프로젝트는 어떤 형태의 조직으로 진행되는가?", "프로젝트가 종료될 때에는 무엇을 해야 하는가?"라는 물음에는 어떻게 대답하겠는가? 이 책은 이러한 질문에 대한 해답을 찾는 데 많은 도움을 줄 것이다.

1

프로젝트 및 프로젝트 관리란 무엇인가?

언제부터인가 우리의 일상생활에서 '프로젝트'라는 말이 전혀 낯설지 않게 되었다. 또 외래어인 이 용어를 마치 우리말인 것처럼 사용하더라도 조금도 어색하지 않게 되었다. 우리 주위를 둘러보면 얼마나 많은 프로젝트들이 존재하고 있는지를 쉽게 알 수 있다. 예를 들어 새로운 개념의 스마트폰 개발 프로젝트, 신약 개발 프로젝트, 그린 아파트 건축 프로젝트, 국민 건강 관리 시스템 구축 프로젝트, 글로벌 환경 보호 관리 시스템 구축 프로젝트, 지능형 교통 통제 시스템 구축 프로젝트 등 수많은 프로젝트들이 진행되고 있다. 지금부터 도대체 프로젝트란 무엇인지, 그리고 그것을 어떻게 관리해야 하는지에 대해 개괄적으로 살펴보자.

프로젝트의 정의

휴대전화를 생산하는 공장에서 매일 동일한 제품을 생산해내는 것이 프로젝트일까? 또 사무실에서 월말마다 수행하는 결산 재무제표 작성도 프로젝트일까? 답은 "아니다"이다. 왜 프로젝트가 아닐까? 그 이유는 바로 프로젝트가 '유일한 제품, 서비스 및 결과를 만들어 내기 위해 한시적으로 수행하는 노력'이기 때문이다.

그렇다면 만일 여러분이 휴대전화 생산이나 결산 재무제표 작성 등의 일상적인 업무를 프로젝트 형태로 바꾸려면 어떻게 해야 할까? 예를 들면 다음과 같다. 휴대전화 생산 공장의 경우에는 '휴대전화 1개를 생산하는 데 걸리는 시간을 1시간 줄이기 위해 연구원 5명이 5개월간 생산라인 혁신 활동을 연구하는 경우'가 될 수 있고, 결산 재무제표의 경우에는 '현재의 회계 시스템은 국제 회계 기준 권고 사항인 연결 재무제표가 반영되어 있지 않으므로, 이것이 반영되는 신 회계 시스템을 외부 IT 서비스 회사와 함께 6개월 동안, 20명이, 약 10억 원의 예산으로 구축하는 경우'가 될 수 있다. 이와 같이 프로젝트는 정해진 예산과 기간 안에 기존에 없던 새로운 제품이나 서비스를 만들어 내거나 기존에 있던 것을 개선하기 위한 일시적인 활동을 말한다.

프로젝트와 일상 업무의 공통점 및 차이점

프로젝트와 일상 업무와의 공통점과 차이점은 [그림 1]과 같다.

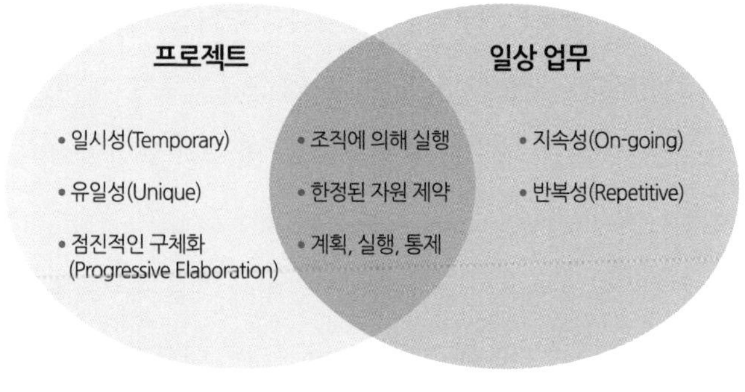

그림 1 **프로젝트와 일상 업무의 공통점과 차이점**

공통점은 조직에 의해 실행되고, 자원의 제약이 항상 따라다니며,
계획을 수립하여 실행하고, 실행한 결과를 확인하며, 잘못된 부분은
수정·보완하는 활동이라는 것이다.

차이점은 일상 업무가 지속성(On-going)과 반복성(Repetitive)이라는
특징을 가지고 있다는 것이다. 즉, 조직의 과업을 수행하는 일이고, 조
직이 존재하는 한 지속적이고 반복적으로 수행하는 것이다. 예를 들어
공장의 생산라인에서 불량 없이 제품을 생산하고, 그렇게 생산한 제품
을 물류 시스템을 통해 고객에게 전달하는 활동은 지속적이고 반복적
으로 일어난다.

하지만 프로젝트는 '일시성(Temporary)'이라는 특징이 있으며, 시작
과 끝이 명확하다. 프로젝트는 예정한 완료 시간 전이라도 목표가 완
성되면 조기에 종료할 수도 있고, 목표 달성이 도저히 불가능할 때에도
고객과의 합의로 종료할 수 있으며, 목표가 변경되어 프로젝트 자체가

더 이상 존재할 필요가 없을 경우에도 종료할 수 있다.

또 프로젝트는 '유일성(Unique)'이라는 특징이 있는데, 모든 프로젝트는 프로젝트 결과물, 참여자, 프로젝트 환경 등 모든 것이 동일한 경우가 없으므로 유일하다고 할 수 있다. 즉, 유사한 경우는 있을 수 있지만 동일한 경우는 없다고 할 수 있다.

마지막으로 프로젝트는 '점진적 구체화'라는 특징을 가지고 있다. 프로젝트를 착수할 때에는 세부적인 부분까지 구체화할 수 없지만, 시간이 흐름에 따라 범위, 일정, 예산, 자원, 리스크 등이 구체화된다.

프로젝트 관리의 정의

프로젝트를 관리한다는 것은 프로젝트의 시작에서 종료까지를 체계적으로 관리하는 것을 의미하며, '프로젝트의 요구 사항에 맞게 그와 관련된 지식, 기술, 도구, 기법을 프로젝트 활동에 적용하는 것'이라고 정의할 수 있다. 이 책에서 언급되는 이론적인 지식은 미국의 프로젝트 관리 표준인 "A Guide to the Project Management Body of Knowledge(PMBOK® Guide) Fifth Edition"의 내용을 근간으로 하고 있다. 이 책은 미국 PMI(Project Management Institute, http://www.pmi.org) 주관으로 전 세계 프로젝트 관리 전문가들이 참여하여 만든 책으로, 글로벌 프로젝트 관리 전문가에게 주어지는 PMP 자격 시험의 기본서 역할을 하고 있다.

프로젝트 라이프 사이클, 지식 영역, 프로세스란 무엇인가?

프로젝트라는 것은 시작에서 종료까지의 라이프 사이클이 있고, 프로젝트를 수행하기 위해 알아야 할 지식 영역들이 있으며, 프로젝트를 수행하는 단계별로 여러 가지 프로세스를 거치게 된다는 것에 대한 이론적인 내용을 개괄적으로 살펴보자.

프로젝트 라이프 사이클

인간의 라이프 사이클(Life Cycle)을 크게 보면 태어나서 살다가 죽음을 맞이하는 단계로 정리할 수 있다. 좀 더 세부적으로 살펴보면 개인적으로 차이가 많기 때문에 다양한 단계의 라이프 사이클이 있을 수 있다. 평범한 사람이라면 부모의 사랑 속에 잉태되어 어머니의 뱃속에서 열달을 채우고 세상에 나와 성장하면서 학교에 다니고, 학교를 졸업하고 나서 사회생활을 시작하며, 배우자를 만나 결혼하고, 자녀를 낳아 키우며, 그 자녀를 시집·장가보내고, 그 자녀가 결혼하여 손주를 낳으면 그 손주들의 재롱을 보다가 늙어서 죽음을 맞이하는 라이프 사이클을 갖는다.

이와 마찬가지로 제품도 라이프 사이클이 있다. 예를 들어 휴대전화를 생각해보자. 휴대전화의 각종 부품들이 공장의 자재 창고에 모이고, 제조 공정이 작동되면서 부품들이 하나둘씩 조립되며, 소프트웨어가 탑재되고, 최종 품질 검사를 통과하면, 포장 과정을 거쳐 완성된 휴대전화가 탄생하게 된다. 완성된 휴대전화는 구매하는 고객의 손에 들어가 작동하게 되는데, 같은 휴대전화라도 사용자가 주로 전화만 걸고 받는지, 문자를 주로 사용하는지, 아니면 동영상을 주로 보는지에 따라 디스플레이가 바뀌기도 한다. 주인의 실수로 인해 바닥에 떨어뜨려 액정 화면이 깨질 수도 있고, 작동 실수로 인해 소프트웨어가 엉켜서 작동이 안 되기도 한다. 이런 경우 서비스 센터를 방문하여 수리를 한 후 재사용하기도 하지만, 대부분의 경우에는 권장하는 수명을 다하기도 전에 최신 기종과 교체를 한다. 그렇게 버림받은 휴대전화는 집안의 장롱 속에 쓸쓸히 처박혀 그 존재마저 잊혀지거나 어린아이의 장난감으로 전락하기도 한다. 그리고 이마저도 용도를 다한 휴대전화는 여러 경로로 수집되어 제품의 원료로 재활용되기 위해 공장으로 보내진다.

인간과 제품이 위와 같은 라이프 사이클을 가지고 있듯이 프로젝트에도 라이프 사이클이 있다. [그림 2]와 같이 프로젝트는 먼저 프로젝트 착수자 및 스폰서의 요구에 의해 프로젝트가 시작되고, 프로젝트의 초기에 투입되는 인력들이 프로젝트 '착수'를 하게 된다. 프로젝트를 관리하는 관리팀이 구성되어 구체적인 프로젝트 '기획'을 하게 되고, 수립된 기획에 따라 '실행'을 하면 인도물이 만들어지게 된다. 인도물이 요구 수준에 부합하는지는 '감시 및 통제'에서 수행하며, 만약 인도물에 하자가 있는 경우에는 '기획'을 변경할 수도 있고, '실행'으로 보내 재작업을 할 수도 있다. 최종 결과물이 고객 요구 사항을 모두 충족한 것이 확인되면 '종료'를 하고, 그후 '프로젝트 결과물'은 최종 사용자가 활용하며, 프로젝트 수행 시 만들어진 모든 '프로젝트 기록물'은 해당 조직의 프로세스 자산으로 관리된다. 이렇듯 프로젝트는 착수, 기획, 실행, 감시 및 통제, 종료의 라이프 사이클을 거치게 된다.

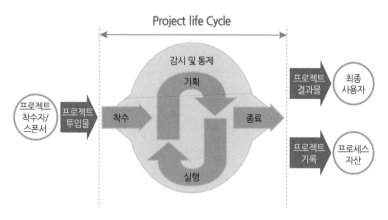

그림 2 **프로젝트 라이프 사이클** ▉

프로젝트 관리를 위한 지식 영역

1950년대부터 많은 학자들과 현장 프로젝트 전문가들은 '프로젝트를 잘 관리하기 위해 꼭 알아야 할 지식은 무엇인가'에 대해 연구하였다. 연구 기관별로 약간의 차이는 있지만 미국 PMI에서는 10가지 지식 영역(Knowledge Area)을 숙지하고, 이를 적용하면 프로젝트를 성공적으로 관리할 수 있다고 제시하였다. [표 1]은 10가지 지식 영역(통합, 범위, 시간, 원가, 품질, 인적자원, 의사소통, 리스크, 조달, 이해관계자)을 간단히 소개한 것으로, 프로젝트 추진 시 이 10가지 영역에 대한 부분을 모두 고려해서 계획을 수립, 실행하면 실수를 줄일 수 있고 성공 확률을 높일 수 있다.

지식 영역(Knowledge Area)	정의(Definition)
통합 관리 (Integration Management)	여러 프로세스와 프로젝트관리 활동을 식별, 정의, 결합, 통합 및 조정하는 프로세스
범위 관리 (Scope Management)	성공적 프로젝트 완료 위해, 모든 작업(All the Job)이 포함되었는지, 필수 작업 만이(Only the Job) 포함되었는지 확인하기 위한 프로세스
시간 관리 (Time Management)	프로젝트 적시 완료에 필요한 프로세스
원가 관리 (Cost Management)	승인된 예산 안에서 프로젝트를 완료하기 위한 기획, 산정, 예산 책정 및 원가 통제 관련 프로세스

지식 영역(Knowledge Area)	정의(Definition)
품질 관리 (Quality Management)	프로젝트의 제반 요구사항이 충족되도록 프로젝트의 품질 방침, 목표, 책임 사항을 결정하는 프로세스
인적자원 관리 (HR Management)	프로젝트 팀을 구성하고 관리하는 프로세스
의사소통 관리 (Communication Management)	프로젝트 정보를 시의적절하게 생성, 수집, 배포, 보관, 검색 및 최종적으로 처분하는 데 필요한 프로세스
리스크 관리 (Risk Management)	프로젝트에 대한 리스크관리 기획, 식별, 분석, 대응 및 감시와 통제의 수행과 관련된 프로세스
조달 관리 (Procurement Management)	작업을 수행하기 위해 프로젝트 팀 외부로부터 필요한 제품, 서비스 또는 결과를 구입하거나 획득하는 프로세스
이해관계자 관리 (Stakeholder Management)	프로젝트에 영향을 주거나 받을 수 있는 개인, 그룹, 조직을 식별하여, 각각의 기대치와 영향을 분석한 후, 적절한 관리전략을 개발하는 프로세스

표 1 **프로젝트 관리 지식 영역에 대한 정의**

프로젝트 관리 프로세스

앞에서 언급한 5단계의 프로젝트 라이프 사이클을 고려하면서 10개의 지식 영역을 어떻게 프로젝트에 접목하는지가 궁금할 것이다. 이에 대해 PMBOK에서는 '프로세스(Process)'라는 개념을 사용하였다. 프로세스는 필요한 '입력물(Inputs)'을 가지고 적합한 '처리(Tools & Techniques)' 단계를 거치면 원하는 '산출물(Outputs)'이 나온다는 단순한 원리를 활용하는 것을 말한다.

이러한 프로세스 원리는 프로젝트 관리에서 많이 활용되는데, 프로젝트 관리 프로세스는 요구 사항을 만족할 수 있도록 사전에 합의된 제품, 결과 또는 서비스를 달성하기 위해 수행하는 작업 및 행위의 집합을 말하며, 이는 프로세스들의 집합이기 때문에 '프로세스 그룹(Process Group)'이라고도 한다.

[표 2]는 10가지 지식 영역에 포함된 프로세스들이 5개의 프로세스 그룹 중 어디에 속하는지를 한눈에 알아볼 수 있도록 정리한 것이다. 착수(Initiating) 프로세스 그룹은 신규 프로젝트를 시작하기 위해 권한을 획득하는 단계로서 총 2개의 프로세스가 있고, 기획(Planning) 프로세스 그룹은 프로젝트를 성공적으로 완수하기 위해 필요한 프로젝트의 범위, 시간, 원가, 품질 등을 정의하고 계획을 수립하는 단계로서 총 24개의 프로세스가 있다. 또 실행(Executing) 프로세스 그룹은 기획에 정의된 작업을 완수하는 데 필요한 단계로서 총 8개의 프로세스가 있고, 감시 및 통제(Controlling & Monitoring) 프로세스 그룹은 프로젝트를 수행한 인도물에 대한 확인 및 사전에 합의된 계획을 변경하는 단계로서 총 11개 프로세스가 있다. 종료(Closing) 프로세스 그룹은 프로젝트를 공식적으로 종료하는 단계로서 총 2개의 프로세스가 있으며, 착수에서 종료까지 총 47개의 프로세스를 수행하게 된다. 47개 프로세스에 대한 전반적인 구성 및 프로세스명은 236쪽과 237쪽을 참조하면 된다.

지식 \ 그룹	착수 (Initiating)	기획 (Planning)	실행 (Executing)	감시 및 통제 (Monitoring & Controlling)	종료 (Closing)	계
통합 (Integration)	1개	1개	1개	2개	1개	6개
범위 (Scope)		4개		2개		6개
시간 (Time)		6개		1개		7개
원가 (Cost)		3개		1개		4개
품질 (Quality)		1개	1개	1개		3개
인적자원 (Human Resource)		1개	3개			4개
의사소통 (Communication)		1개	1개	1개		3개
리스크 (Risk)		5개		1개		6개
조달 (Procurement)		1개	1개	1개	1개	4개
이해관계자 (stakeholder)	1개	1개	1개	1개		4개
계	2개	24개	8개	11개	2개	47개

표 2 **프로세스 그룹, 지식 영역, 프로세스 2**

실제 프로젝트 현장에서는 5단계의 프로세스 그룹이 어떻게 적용되는지 생각해보자. 논리적으로 보면 착수가 끝나야 기획을 할 수 있고, 기획된 것을 바탕으로 하여 실행하는 것으로 생각할 수 있지만 실제 프로젝트 현장에서는 순차적으로 실행되는 것이 아니라 [그림 3]과 같이 대부분 상호 교차되면서 실행된다. 비록 착수 단계라 하더라도 어떤 활동은 기획을 수행하고, 어떤 활동은 실행을 일부 먼저 해볼 수도 있다. 예를 들면, 소프트웨어를 개발하는 프로젝트에서 모든 코딩이 끝난 후에 테스트하는 것이 아니라 단위 모듈의 코딩이 끝난 후에 바로 테스트를 해보고, 그 결과를 분석하여 추진 계획을 수정하거나 다시 실행할 수도 있다. 즉, 기획, 실행, 통제는 각각 분리해서 순차적으로 진행되는 것이 아니라 함께 맞물려 연계되면서 진행되는 것이다.

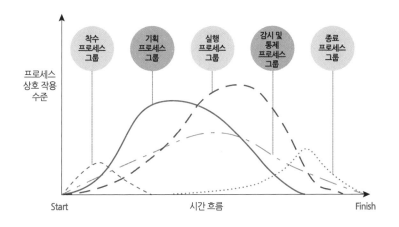

그림 3 **프로세스 그룹 간의 상호 작용 ❸**

프로세스 그룹, 지식 영역, 프로세스

지식 \ 그룹	착수 (Initiating)	기획 (Planning)
통합 (Integration)	프로젝트 헌장 수립 (Develop Project Charter)	프로젝트 관리 계획서 개발 (Develop Project Management Plan)
범위 (Scope)		범위 관리 계획수립(Plan Scope Management) 요구사항 수집(Collect Requirements) 범위 정의(Define Scope) 작업분류체계 작성(Create WBS)
시간(Time)		일정 관리 계획수립(Plan Schedule Management) 활동 정의(Define Activities) 활동 순서배열(Sequence Activities) 활동 자원 산정(Estimate Activity Resources) 활동 기간 산정(Estimate Activity Durations) 일정 개발(Develop Schedule)
원가 (Cost)		원가 관리 계획수립(Plan Cost Management) 원가 산정(Estimate Costs) 예산 책정(Determine Budget)
품질 (Quality)		품질 관리 계획수립(Plan Quality Management)
인적자원 (Human Resource)		인적자원 관리 계획수립 (Plan Human Resource Management)
의사소통 (Communication)		의사소통 관리 계획수립 (Plan Communications Management)
리스크 (Risk)		리스크 관리 계획수립(Plan Risk Management) 리스크 식별(Identify Risks) 정성적 리스크 분석 수행(Perform Qualitative Risk Analysis) 정량적 리스크 분석 수행(Perform Quantitative Risk Analysis) 리스크 대응 계획수립(Plan Risk Responses)
조달 (Procurement)		조달 관리 계획수립(Plan Procurement Management)
이해관계자 (Stakeholder)	이해관계자 식별 (Identify Stakeholders)	이해관계자 관리 계획수립 (Plan Stakeholder Management)

실행 (Executing)	감시 및 통제 (Monitoring & Controlling)	종료 (Closing)
프로젝트 작업 지시 및 관리 (Direct and Manage Project Work)	프로젝트 작업 감시 및 통제 (Monitor and Control Project Work) 통합 변경 통제 수행 (Perform Integrated Change Control)	프로젝트 또는 단계 종료 (Close Project or Phase)
	범위 확인(Validate Scope) 범위 통제(Control Scope)	
	일정 통제(Control Schedule)	
	원가 통제(Control Costs)	
품질 보증 수행 (Perform Quality Assurance)	품질 통제(Control Quality)	
프로젝트 팀 확보(Acquire Project Team) 프로젝트 팀 개발(Develop Project Team) 프로젝트 팀 관리(Manage Project Team)		
의사소통 관리(Manage Communications)	의사소통 통제 (Control Communications)	
	리스크 통제(Control Risks)	
조달 수행(Conduct Procurements)	조달 통제(Control Procurements)	조달 종료 (Close Procurements)
이해관계자 참여 관리 (Manage Stakeholder Engagement)	이해관계자 참여 통제 (Control Stakeholder Engagement)	

프로젝트 이해관계자들은 누구인가?

프로젝트와 조금이라도 연관이 있으면 '이해관계가 있다'라고 할 수 있기 때문에 '이해관계자(Stakeholder)'라고 한다. 이해관계자는 "프로젝트에 긍정적이든 부정적이든 영향을 끼치는 개인이나 조직으로서 고객, 스폰서, 수행 조직, 일반인 등이 포함된다"라고 정의할 수 있다.

[그림 4]와 같이 이해관계자에는 프로젝트와 직접적으로 관련되는 스폰서, 프로젝트 관리자/매니저, 프로젝트 관리팀, 프로젝트 참가자가 핵심 구성원이며, 포트폴리오 관리자, 프로그램 관리자, 프로젝트 관리 오피스, 고객 및 사용자, 판매자 및 비즈니스 파트너, 기능 관리자, 운영 관리자 등이 있다.

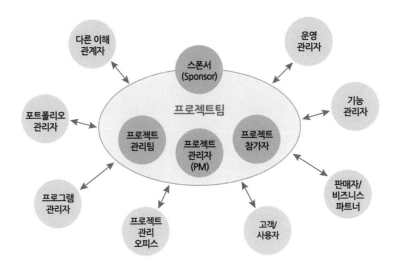

그림 4　**프로젝트 이해관계자** ❹

　이해관계자들은 각각 나름대로의 역할이 있다. 먼저 스폰서 (Sponsor)는 프로젝트에 자금을 지원해주는 사람 또는 조직이라고 할 수 있다. 스폰서는 프로젝트의 수행 여부를 결정하고, 프로젝트 시작을 공식적으로 승인하며, 프로젝트 관리자/매니저(Project Manager)를 임명하는 역할을 수행한다.

　프로젝트 관리자/매니저는 프로젝트를 이끄는 제일 중요한 사람이다. 프로젝트 목표를 달성해야 할 책임이 있고, 프로젝트를 효과적으로 관리하기 위해 관련 지식, 도구, 기법을 이해하고 있어야 할 뿐만 아니라 해당 분야의 산업 기술, 일반적 관리 능력과 더불어 성실하고 정직한 행동 양식 등을 갖추고 있어야 한다.

프로젝트팀(Project Team)에는 프로젝트를 총괄하는 프로젝트 관리자를 비롯하여 일정 및 예산을 관리하는 프로젝트 관리팀(Project Management Team)과 프로젝트를 수행하는 프로젝트 참가자가 있다. 프로젝트 관리팀은 책정된 예산 안에서 납기를 준수할 수 있도록 세부 항목까지 관리해야 한다.

포트폴리오 관리자(Portfolio Manager)는 수행 중인 프로젝트들이 조직의 전략적인 방향과 연계되고, 그 성과에 기여할 수 있는지를 투자 수익, 가치, 리스크 등의 측면에서 지속적으로 분석, 평가, 관리하는 역할을 수행한다.

기능 관리자(Functional Managers)와 운영 관리자(Operational Managers)는 흔히 조직 내 구매, 생산, 물류, 회계, 재무, 인사, 총무 등과 같은 기능적인 역할과 운영을 담당하는 관리자로서, 일반적으로 소속 구성원 중의 몇 사람이 프로젝트 참가자로 파견되기 때문에 프로젝트 관리자와 협상을 통해 파견자를 결정하게 된다.

고객(Customers)과 사용자(Users)는 최종 산출물인 프로젝트의 제품 또는 서비스를 사용하는 사람이나 조직이라고 할 수 있으며, 프로젝트에서 필요한 요구 사항을 명확하게 하는 역할을 한다.

프로젝트 관리를 잘하려면 어떤 지식이 필요한가?

4

프로젝트에 참여하는 모든 팀원은 [그림 5]와 같이 5가지 전문 분야에 대한 지식을 갖추고 있어야 한다.

첫째, 가장 기본이 되는 지식은 5단계 라이프사이클, 10가지 지식 영역과 47개 프로세스에 대한 이해이다.

둘째, 프로젝트와 관련된 응용(기술) 분야의 지식, 표준, 법규 등이다. 예를 들면, 스마트폰의 앱을 개발하는 프로젝트라면 아이폰이나 안드로이드 기반의 운영 시스템에 대한 이해와 그 표준에 대한 정보를 가지고 있어야 하고, 모바일 통신에 관한 법적 규제는 무엇인지도 알고 있어야 한다.

셋째, 프로젝트 환경에 대한 이해이다. 프로젝트는 다양한 환경에서 이루어지므로 프로젝트의 특수한 환경을 고려하여 추진해야 한다. 예를 들어 군사 무기를 개발하는 프로젝트에서는 보안이 매우 중요하며, 원자력 운영 시스템을 개발하는 프로젝트에서는 안전성과 리스크에 대한 대책 수립이 상대적으로 중요하게 고려되어야 한다.

넷째, 일반적인 경영 관리 지식이다. 그중에는 조직을 이끄는 데 필요한 리딩 스킬(전략 방향 설정, 조직화, 동기 부여 등), 사람 간의 커뮤니케이션 스킬(보고, 발표, 회의, 구두, 서면 표현력 등), 타인과의 협상 스킬(조정, 중재 등), 문제 해결 스킬(문제 인식, 원인 분석, 대안 수립 등), 그리고 타인에게 끼치는 영향력 등이 포함된다.

다섯째, 대인 관계 기술이다. 이 기술은 사람과 사람 사이에서 발생하는 문제를 적절히 해결하는 데 도움을 준다. 프로젝트는 참여한 팀원들이 항상 협업하여 최종 산출물을 만들어 내는 것이므로 특히 사람을 다루는 기술이 필요하다. 대인 관계 기술은 경영 관리 지식의 하부 요소라고도 할 수 있으며, 이에는 상대방의 마음을 이해하고 신뢰를 회복하는 기술, 사람 간의 관계를 유지하는 기술, 스트레스를 관리하는 기술 등이 있다.

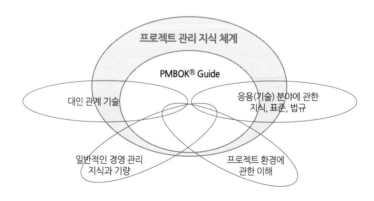

그림 5 **프로젝트 관리 전문 영역 5**

프로젝트를 둘러싼 환경은 어떻게
파악해야 하는가?

5

프로젝트를 시작하기에 앞서 프로젝트를 둘러싼 환경을 '외부 환경'과 '내부 환경'의 2가지 요인으로 나누어 파악해볼 필요가 있다.

외부 환경 요인을 파악한다는 것은 프로젝트와 관련된 외부 환경들의 변화 가능성을 예측해보는 것을 의미한다. 예를 들면, 신재생 에너지를 개발하는 프로젝트인 경우에는 중동 지역 원유 매장량이나 글로벌하게 연구되고 있는 신재생 에너지의 연구 방향에 대한 보고가 프로젝트에 미치는 영향이 매우 클 것이므로 관련 자료를 세밀하게 분석해야 할 것이다.

윈도우 시스템 기반의 ERP(Enterprise Resource Planning) 패키지를 개발해 오던 회사에서 리눅스 기반의 ERP 패키지를 개발하는 프로젝트에 착수하는 경우에는 시장의 향후 추이나 다른 운영 시스템의 등장 가능성에 대한 사항도 분석해야 한다.

원자력 발전소 운영 시스템을 개발하는 프로젝트인 경우에는 지진이나 돌발적인 사고 등으로 인한 원자력 시설 붕괴 및 방사능 유출 가능성이 상존하기 때문에 원자력 발전소 폐쇄에 대한 세계 환경 단체들의 압력을 어떻게 극복할 것인지에 대한 부분도 고려해야 한다. 외부적인 환경은 이와 같이 정치적인 관심 사항뿐만 아니라 관련 법이나 규제, 표준 등의 제약 사항을 두루 살펴보아야 한다.

내부 환경 요인에 있어서는 수행하려는 프로젝트에 대해 스폰서가 얼마나 관심을 가지고 있느냐가 가장 중요하다. 따라서 프로젝트 관리자는 스폰서에게 정기적으로 프로젝트 관련 정보를 제공하여 관심을 촉구해야 한다.

또 프로젝트 관리자는 그 프로젝트를 수행할 적임자가 조직 내부에 있는지도 반드시 파악해야 한다. 만약 내부에 관련 분야 전문가가 없거나, 설사 있다고 하더라도 프로젝트에 참여할 수 없는 경우에는 외부의 도움을 받아야 한다.

따라서 조직 내부에 가용한 인재가 있는지의 여부도 주요한 내부 환경 요인이다. 또 프로젝트를 수행하다 보면 조직 구성원들이 만들어 놓은 조직 문화가 또 다른 걸림돌이 되기도 한다. 프로젝트 참여 팀원들이 소명 의식을 갖고 프로젝트에 몰입하는 경우도 있지만, 많은 경우에는 참가자 본인이 맡고 있는 본업이 중심이 되고 프로젝트에는 시간이 남을 때 참여하는 것으로 생각하기가 쉽다. 그런 조직의 경우에는 프로젝트 품질, 납기, 예산 등에서 종종 문제가 발생한다. 따라서 프로젝트에 참여하는 팀원들이 프로젝트에 몰입할 수 있도록 조직 문화를 만들어 나가는 것도 중요하다.

　마지막으로 프로젝트팀을 어떤 형태로 구성하느냐도 매우 중요하다. 별도의 프로젝트 룸(Room)에 모여 몇 개월 동안 집중해서 추진하는지, 아니면 일주일에 한 두 번씩 모여서 회의 형태로 진행하는지에 따라 프로젝트에 대한 몰입도나 성과가 달라질 것이다.

6

프로젝트를 수행하려면 어떤 형태의 조직을 갖추어야 하는가?

보통 회사에서 프로젝트를 한다고 하면 어떤 조직 형태로 수행하는지 생각해보자. 일정한 장소에 모두 모여 프로젝트에만 전념해야 하는 경우도 있지만, 각자 자기 자리에서 일하다가 필요할 때만 잠깐씩 모여서 수행할 수도 있다. 프로젝트를 수행하는 조직은 목적에 맞게 구성하면 되는데, 이는 크게 기능 조직(Functional Organization), 매트릭스 조직(Matrix Organization), 프로젝트 조직(Projectized Organization)으로 구분할 수 있다.

기능 조직은 특정 기능 부서에서, 업무에 관련된 담당자 몇 명이 프로젝트라는 이름을 내걸고 프로젝트를 수행하는 형태이다. 일반적으로 회사에서는 프로젝트라는 이름으로 이와 같은 형태의 조직을 갖추어 수행하는 사례가 많다. 다시 말해서 필요할 때마다 모여서 프로젝트를 수행하는 것이다. 예를 들면, 생산라인의 개선을 위해 생산관리 1팀, 2팀, 3팀에서 각 팀마다 1~2명의 직원을 뽑아 파트타임으로 프로젝트를 수행하는 것이라고 생각하면 이해하기가 쉬울 것이다. 이때 팀원 중에 프로젝트 관리자 역할을 수행하는 사람은 없고, 생산 관리팀을 이끄는 기능 관리자들이 필요 시 서로 업무를 조율해주고, 프로젝트 팀원들의 활동을 촉진시키는 역할을 수행하게 된다. 이러한 조직 형태는 기존 기능 조직 구조를 활용하여 프로젝트를 수행하므로 프로젝트 수행에 필요한 전문가를 쉽게 확보할 수 있고, 기능 관리자가 직접 통제할 수 있으므로 관리하기가 쉽다는 장점이 있는 반면, 통합적으로 프로젝트를 수행하기가 힘들다는 단점이 있다.

매트릭스 조직은 프로젝트에 참여하는 직원이 자신의 시간을 쪼개어 사용하는 경우로, 1주일에 3일은 현재 소속 부서에서 일하고, 나머지 2일은 프로젝트 룸에 가서 일하는 형태라고 생각하면 될 것이다. 프로젝트에 참여하는 직원들은 본인 소속 부서의 기능 관리자로부터 지시를 받지만, 참여하고 있는 프로젝트 관리자로부터도 지시를 받아야 한다. 이 형태는 조직 차원에서는 인력을 효율적으로 활용할 수 있다는 장점이 있지만, 우선순위가 서로 상충될 때에는 상호 조율하는 것이 쉽지 않다는 단점이 있다.

프로젝트 조직은 프로젝트 업무에 100% 몰입할 수 있도록 직원을 프로젝트 조직으로 소속을 바꿔주는 것뿐만 아니라 별도의 프로젝트 룸에서 일할 수 있도록 해주는 형태이다. 이 조직은 프로젝트만을 수행하는 조직으로, 프로젝트 관리자와 프로젝트 팀원이 같은 공간에서 일하기 때문에 일에 대한 몰입도가 높고, 의사결정이 신속하며, 프로젝트 관리자의 독립성과 권한이 보장된다는 장점이 있지만 독립적인 조직 형태를 갖추어야 하므로 공통 업무 수행과 관련된 자원의 중복과 낭비 요소가 발생할 수 있고, 프로젝트가 종료된 후 참여했던 팀원들을 원소속 부서로 돌려보내야 하지만 프로젝트 전담 조직이기 때문에 돌아갈 곳이 없을 수도 있다는 단점이 있다.

7

프로젝트 종료 시에는 어떻게
마무리해야 하는가?

어떤 조직이 프로젝트를 얼마나 잘 관리했는지를 확인하는 간단한 방법은 프로젝트 종료 시점에 프로젝트 팀원들이 어떻게 행동하는지를 살펴보면 된다. 만일 팀원들이 자기가 맡은 역할을 다했다면서 바로 짐을 싸서 자기 소속 조직으로 복귀하거나 프로젝트 종료 시점에 납기를 맞추기 위해 여러 날 밤샘 작업을 했다는 이유로 며칠씩 휴가를 떠나 버린다면 이런 조직은 프로젝트를 잘 관리했다고 할 수 없다.

프로젝트가 종료될 때에는 다음 3가지를 잘 관리해야 한다.

첫째, 프로젝트에서 도출된 모든 결과물을 조직 내 자산으로 재활용하기 위해서는 데이터베이스에 모두 저장해야 한다. 프로젝트 범위, 일정, 원가, 품질, 리스크 관련 자료뿐만 아니라 프로젝트 관리 계획서, 프로젝트 변경 관리 계획서, 착수·중간·최종 보고서, 프로젝트 관련 정책, 절차, 지침 등 모든 자료를 체계적으로 보관해야 한다.

둘째, 참여자들의 경험과 교훈을 정리하여 보관해야 한다. 프로젝트에 참여한 모든 팀원들은 경험을 정리하여 차후 유사한 프로젝트가 진행될 경우 시행착오를 줄일 수 있도록 교훈을 남겨야 한다.

셋째, 프로젝트 조직은 공식적인 절차를 거쳐 해산해야 한다. 프로젝트 조직이 한시적이라 하더라도 종료 시에는 공식적인 해산이라는 절차를 거쳐야 하며, 다른 프로젝트에서 다시 만나더라도 같이 일하고 싶은 팀원으로 기억되도록 해야 한다.

8

프로젝트 관리 프로세스 그룹 간의 상호 작용은 어떻게 일어나는가?

앞에서 프로젝트 형태로 진행되는 과업들은 대부분 순차적으로 발생하는 것이 아니라 상호 교차되면서 중첩하여 일어난다는 것을 설명하였다.

프로젝트 관리를 잘하기 위해서는 복잡하게 얽혀 있는 상호 연계성을 파악하고 있어야 한다. 먼저, 프로젝트 관리 프로세스 그룹(착수, 기획, 실행, 감시 및 통제, 종료) 간에 어떤 상호 작용이 일어나는지를 개괄적으로 살펴보고, 각 그룹 내에서 프로세스 간의 상호 작용을 이해해 보자.

[그림 6]은 프로젝트의 착수부터 종료 시까지의 프로젝트 관리 프로세스 그룹 간의 상호 작용을 개괄적으로 설명해 놓은 것이다. 그림을 잘 살펴보면 프로젝트의 전체 흐름을 한눈에 파악할 수 있다.

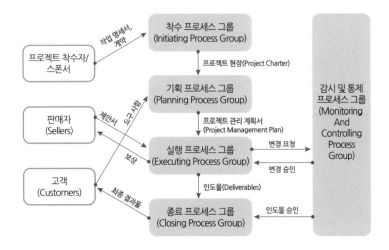

그림 6 **프로젝트 관리 프로세스 그룹 간의 상호 작용 ⑥**

착수 프로세스 그룹은 스폰서가 계약을 통해 프로젝트 착수를 승인함으로써 시작되는데, 스폰서는 프로젝트의 작업 범위 등을 명확하게 제시해야 한다. 프로젝트 관리팀이 프로젝트 착수 단계를 수행하려면 과거에 수행하였던 유사한 프로젝트에 대한 정보는 물론, 프로젝트와 관련된 이해관계자들의 정보도 입수해야 한다. 착수 단계를 거치면 '프로젝트 헌장(Project Charter)'이라는 산출물이 나오는데, 이것은 바로 기획 단계의 입력물이 된다.

기획 프로세스 그룹에서는 고객의 요구 사항뿐만 아니라 계획 수립에 필요한 범위, 시간, 원가 등의 10가지 지식 분야를 망라한 종합 계획서인 '프로젝트 관리 계획서(Project Management Plan)'를 만들게 되는

데, 이는 이후 진행되는 실행, 감시 및 통제, 종료 단계의 입력물이 된다.

실행 프로세스 그룹에서는 계획했던 대로 프로젝트를 수행하여 목표한 제품이나 서비스를 산출물로 얻게 된다. 실행 단계는 다양한 조직들의 인적·물적 자원이 투입되어 '인도물(Deliverables)'을 만들어내고, 인도물에 하자가 있는 경우에는 통제 프로세스 그룹에 보내어 변경해야 할 것인지에 대한 의사결정을 요청하게 된다. 특히 실행 단계에서는 외부 자원을 활용해야 할 경우 판매자(Seller)를 통해 획득할 수 있다.

감시 및 통제 프로세스 그룹은 인도물들이 품질 목표에 부합하는지를 검사하는 단계이며, 품질 기준에 부합하지 않으면 다시 실행 단계로 보내어 재작업을 하고, 계획 수립 자체가 잘못된 경우에는 변경 통제 시스템에 따라 계획 자체를 바꿀 수도 있다. 프로젝트에서는 모든 것을 변경할 수 있지만, 베이스라인(Baseline) 변경 시에는 변경통제위원회(Change Control Board)의 승인을 받아야 한다.

종료 프로세스 그룹에서는 최종 결과물을 고객에게 전달한다. 만일 외부와 계약을 체결한 경우라면 계약 관련 부분을 먼저 종료해야 한다. 또 프로젝트의 모든 산출물을 문서화하여 체계적으로 보관하고, 프로젝트 수행 중 체득한 경험이나 노하우도 데이터베이스화해야 하며, 참여했던 모든 팀원들을 소속 부서로 돌려보냄으로써 프로젝트는 종결된다.

성공과 실패를 결정하는 프로젝트 관리 5단계는 어떻게 작동되는가?

9

앞에서 설명한 프로젝트 관리 프로세스 5개 그룹(착수, 기획, 실행, 감시 및 통제, 종료)을 단계라고 정의하고, 각 단계로 어떤 프로세스들이 서로 연계되어 있는지를 좀 더 구체적으로 살펴보면 프로젝트 관리가 어떻게 수행되는지를 이해하는 데 도움이 될 것이다.

1단계 착수 프로세스 그룹

착수 프로세스 그룹은 프로젝트 시작에 대한 승인을 받는 것으로, 프로젝트 헌장 수립(Develop Project Charter)과 이해관계자 식별(Identify Stakeholders)의 2개 프로세스가 있다. 즉, 프로젝트가 공식적으로 선포되고, 프로젝트 관리자가 선정되며, 프로젝트에 공식적 권한을 부여하는 프로세스와 이해관계자들의 초기 요구를 문서화하는 프로세스들이다. '프로젝트 헌장 수립' 프로세스는 프로젝트 착수에 대한 의사결정을 하는 단계이며, 스폰서가 프로젝트의 존재를 공식적으로 승인하는 문서라고 할 수 있다. '이해관계자 식별' 프로세스는 다양한 관련자들의 정보를 파악하는 것으로, 이들의 소속뿐만 아니라 관심 사항, 참여 정도, 영향력 등을 문서화하는 것이다.

[그림 7]에서 2개의 프로세스가 10개의 지식 영역 중에서 어디에 해당되는지를 살펴보면, '프로젝트 헌장 수립' 프로세스는 '프로젝트 통합 관리'에, '이해관계자 식별' 프로세스는 '프로젝트 이해관계자 관리'에 해당한다는 것을 알 수 있다. 여기서는 '프로젝트 헌장'이 중요한 산출물이며, 이것은 프로젝트 기획 프로세스 그룹의 기준서 역할을 한다.

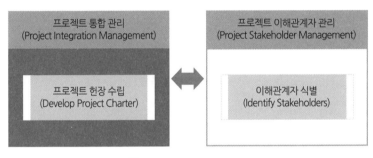

그림 7　**착수 프로세스 그룹 7**

2단계 　기획 프로세스 그룹

스폰서가 프로젝트 착수를 승인하여 '프로젝트 헌장'이 개발되면, 프로젝트 관리팀은 프로젝트를 체계적으로 관리하기 위해 상세 추진 계획서를 만들게 된다. 이 계획서는 다음 단계인 프로젝트 실행에서 바로 수행할 수 있도록 상세하게 명기되어야 하며, 프로젝트 관리를 위한 10가지 지식 영역 모두가 반영되어야 한다.

먼저, 범위 관리는 프로젝트를 어느 범위까지 수행해야 하는지를 명확하게 하는 것으로, 작업분류체계(Work Breakdown Structure, WBS) 완성이 최종 목표이다. 작업분류체계는 이후 진행되는 모든 활동의 기초가 되는 문서이다. 시간 관리는 각각의 활동들에 대한 완료 날짜를 명확히 정하는 것으로, 활동 중 꼭 납기를 준수해야 하는 활동이 무엇인지를 파악하여 관리할 수 있도록 지원한다. 원가 관리는 각 활동마다 소요되는 예산을 책정해서 지속적으로 관리될 수 있도록 계획서를 만든다. 품질 관리는 고객이 요구하는 기준에 부합하도록 품질 표준을 설정하는 것을 말한다. 또 인적자원 관리는 투입되는 인력을 어떻게 확보할 것인지, 투입되는 인력에 대한 역할은 어떻게 나눌 것인지를 결정하는 것을 말한다. 의사소통 관리는 이해관계자들과 커뮤니케이션을 하는 방법, 시기 등을 결정하는 것을 말한다. 리스크 관리는 모든 단계에서 발생할 수 있는 위험 요소를 찾아서 각각의 리스크에 대한 우선순위를 정한 후, 대안을 수립해 놓는 것을 말한다. 조달 관리는 수행하려는 프로젝트에 대해 외부 도움이 필요한지의 여부를 먼저 결정하고, 도움이 필요하다면 조달을 위한 계획을 수립하게 된다. 이해관계자 관리는 프로젝트 수행과 관련된 개인이나 조직을 어떻게 관리할지에 대한 계획을 수립하게 된다. 통합 관리는 범위 관리에서 이해관계자 관리까지의 모든 추진 계획서를 집대성하여 프로젝트 관리 계획서(Project

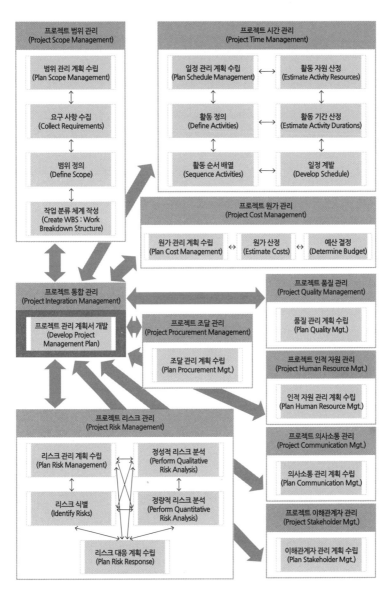

그림 8 **기획 프로세스 그룹** 8

Management Plan)를 만드는 것을 말하는데, 이는 실행 및 통제 프로세스 그룹의 기준서 역할을 한다.

[그림 8]을 살펴보면 총 24개의 프로세스가 있는데, 범위 관리는 작업분류체계를 만들기 위해 4개의 프로세스를 거치게 되고, 시간 관리는 정확한 일정을 분석하기 위해 6개의 프로세스를 통해 일정을 개발하게 되며, 원가 관리는 예산을 산정하는 3개 프로세스를 수행한다는 것을 알 수 있다. 품질 관리, 인적자원 관리, 의사소통 관리, 조달 관리, 이해관계자 관리, 통합 관리는 상세 계획서를 만드는 각각 1개의 프로세스를 수행하고, 리스크 관리는 다양한 변수를 고려해야 하므로 5가지 프로세스를 통해 대응 계획까지 수립하게 된다.

3단계 실행 프로세스 그룹

프로젝트가 착수 단계를 통해 스폰서로부터 승인된 후, 프로젝트 관리팀이 '프로젝트 관리 계획서'를 만들고, 실행 단계에서는 계획된 대로 실행하여 인도물(Deliverables)이 나오는 단계이다. 계획이 아무리 잘 수립되었다고 하더라도 실행을 하다 보면 계획대로 안 되는 경우가 많으므로 이때에는 다시 계획을 수정해야 하는 일도 발생하게 된다. 프로젝트 실행 단계에서는 기획 단계보다 훨씬 많은 사람들이 투입되고 시간도 많이 소요되며, 참여자들 간에 서로 연동하여 작업을 수행해야 하는 경우가 많기 때문에 협업이 잘 이루어져야 한다. 또 외부 인적자원을 활용하는 경우에는 프로젝트에 참여하고 있던 기존 팀원과 추가로 투입되는 외주인력 간의 유대 관계도 강화해야 하며, 프로젝트 인도물이 품질 기준에 부합되는지를 보증하는 활동도 충실히 수행해야 한다.

실행 프로세스 그룹에는 [그림 9]와 같이 8개의 프로세스가 있다. 프로젝트 실행을 통해 인도물이 나오면 이것이 품질 기준을 준수했는지를 확인해보는 '품질 보증' 프로세스, 효과적으로 팀을 관리하여 팀워크를 향상시키기 위한 3개의 프로세스, 다양한 의사소통 채널을 통해 정보를 배포하고 이해관계자들을 관리하기 위한 1개의 프로세스, 그리고 외부 자원을 조달하기 위한 1개의 프로세스가 있다. 통합 관리는 인도물을 관리하는 '프로젝트 작업 지시 및 관리'가 있으며, 여기에서 나오는 인도물은 감시 및 통제 프로세스 그룹으로 보내져 정확성을 검증받게 된다.

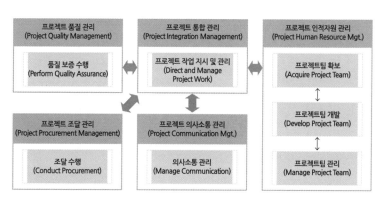

그림 9 **실행 프로세스 그룹 9**

감시 및 통제 프로세스 그룹

프로젝트 실행이 계획했던 대로 잘 이루어졌는지를 확인하는 단계로, 감시 및 통제는 인도물의 정확성을 확인하는 것뿐만 아니라 인도물이 원하는 결과를 도출하지 못했을 때 그 원인을 찾아서 해결하는 활동을 수행한다.

이 프로세스 그룹에는 [그림 10]에 나타난 바와 같이 11개의 프로세스가 있는데, 이중에서 프로젝트 범위를 확인하는 프로세스가 제일 중요하다. 만일 범위가 변경되면 이후 일정, 원가 등의 연관된 모든 활동들이 변경되어야 하므로 범위 변경은 신중하게 결정되어야 한다. 인

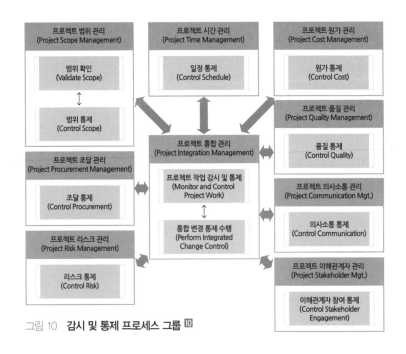

그림 10 **감시 및 통제 프로세스 그룹** 🔟

도물이 범위 안에 있는지를 검증하는 '범위 검증' 프로세스와 범위 변경이 필요한지를 결정하는 '범위 통제' 프로세스가 필요한 이유는 바로 이 때문이다. 이후 일정 통제, 원가 통제, 품질 통제, 의사소통 통제, 리스크 통제, 조달 통제, 이해관계자 참여통제라는 프로세스를 통해 변경이 필요하면 변경 요청을 하게 되고, 변경 통제 시스템을 통해 변경에 대한 승인을 얻게 된다.

통합 관리에는 '프로젝트 감시 및 통제' 프로세스와 '통합 변경 통제' 프로세스가 있다. 완성된 제품이나 서비스가 프로젝트 품질 목표에 부합하면 프로젝트 종료 단계로 넘어간다.

5단계 종료 프로세스 그룹

종료 프로세스 그룹에는 [그림 11]에 나타난 바와 같이 2개의 프로세스가 있다. 프로젝트를 종료하려면 먼저 '구매자'와 '판매자' 간의 계약을 종결해야 하므로 '조달 종료' 프로세스를 수행한다. 이후 '프로젝트 또는 단계 종료' 프로세스는 내부 절차에 따라 종결하게 된다.

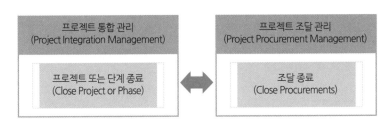

그림 11 **종료 프로세스 그룹 Ⅲ**

이순신이 오늘날 프로젝트 현장에 나타난다면……

이순신이 현실의 프로젝트에 나타난다면 우리에게 어떤 말을 남기고 싶어 할까? 프로젝트 착수에서 종료까지 각각의 해전에서 이순신이 남긴 일거수 일투족을 보면 그 해답을 찾을 수 있을 것이다. 첫째, 프로젝트 착수 단계에 해당하는 옥포해전에서는 '성공한 프로젝트는 시작부터 다르다' 라는 것을 강조할 것이다. 이와 아울러 첫 해전을 성공적으로 마무리하는 것도 중요하지만 그 이전에 미리 차근차근 준비하는 것도 중요하다는 점을 알려주고 싶을 것이다.

둘째, 프로젝트 기획에 해당하는 사천/한산도해전에서는 '프로젝트의 성공은 기획에서 결정된다' 라는 것을 강조할 것이다. 거북선 투입 시점을 저울질하며 효과가 극대화되는 시점에 투입되도록 계획을 수립하였고, 학익진이라는 진법을 수행하려면 기획 단계에서 많은 연구와 연습을 해봐야 성공 확률을 높일 수 있다. 따라서 기획 단계에서 체계적이고 상세하게 계획을 수립하라고 당부할 것이다.

셋째, 프로젝트 실행 단계와 연계되는 부산포/칠천량해전에서는 '성공한 프로젝트와 실패한 프로젝트 실행을 비교하라'고 강조할 것이다. 특히, 두 개의 해전이 부산포 공격이라는 동일한 목표를 가지고 계획을 수립하여 실행한 것이므로, 실행 관점에서 어떤 차이가 있는지를 비교, 분석해보면 그 차이를 발견할 수 있을 것이다. 따라서 이순신은 실행에서 계획 대비 오차를 줄이기 위한 방안으로 계획과 실행의 상호 연동을 강조할 것이다.

넷째, 프로젝트 통제에 해당하는 명량해전에서는 '위기의 프로젝트를 감시와 통제로 극복하라'는 것을 강조하고 싶을 것이다. '해전의 상황은 언제 어떻게 바뀔지 모르므로 다양한 리스크에 대한 대응 계획을 수립하고, 의사결정은 과감하게 하라'라고 당부할 것이다.

다섯째, 프로젝트 종료에 해당하는 노량해전에서는 '프로젝트의 종료는 온몸으로 완수하라'라고 강조할 것이다. 죽음을 각오하고 전장에 나서는 마음으로 프로젝트에 임하면 어떤 어려운 난관도 극복할 수 있다는 점을 당부하고 싶을 것이다.

나의 프로젝트 정신을 계승하라

이순신은 임진왜란 기간 동안 〈난중일기〉와 '장계'를 통해 모든 것을 기록으로 남겼다. 프로젝트 관리에서도 프로젝트 종료 시에는 관련된 모든 자료와 교훈을 정리하여 보관해야 한다는 것을 강조하고 있는 바, 이순신은 이미 이러한 행동을 420여 년 전에 생활화하였던 것이다. 따라서 프로젝트를 수행하는 과정에서 발생하는 모든 것을 문서로 남기는 습관은 오늘날 우리에게 시사하는 바가 매우 크다고 할 수 있다.

또 PM이라는 것은 사전 관리가 매우 중요하다는 점이다. 문제가 발생한 후에 처리하는 것보다는 사전에 발생할 가능성이 높은 리스크를 식별하고 대응책을 수립해 두는 예방 활동을 강조하고 있다.

그리고 PM의 정신을 다양한 학문 분야로 확장되기를 기대할 것이다. 초등학생부터 PM의 사상과 기법을 접할 수 있도록 이를 교육 커리큘럼에 반영하고, 학년이 올라갈수록 내용과 깊이를 넓혀갈 수 있도록 체계적으로 교육을 시켜야 한다.

한국적 PM를 정착시켜라

한국에 서구의 PM 기법이 도입된 것은 아직 수십 년 밖에 되지 않는다. 많은 기업과 관공서에서 선진 PM 시스템을 도입하여 프로젝트가 예산 범위 내에서 납기를 준수할 수 있을지를 예측하고, 리스크 대응책을 사전에 수립하여 대비하고 있지만, 서구의 사상이 동양인들에게 딱 들어맞을 수는 없다. 한국의 많은 전문가들이 동참하여 한국인의 정서가 반영된 한국형 PM이 하루빨리 정착되고, 윤리강령이 갖추어지기를 기대한다.

지은이

자료 출처

1부

1 〈임진장초〉 만력 20년 4월 27일 계본/이충무공전서 권상(卷上) 명흥원균합세공적서(命興元均合勢攻賊書)

2 〈난중일기〉 임진년 1월 17일, 2월 2일, 2월 9일, 3월 27일

3 〈난중일기〉 임진 2월 8일, 3월 27일, 4월 12일

4 〈난중일기〉 임진 3월 25일

5 〈난중일기〉 임진 3월 5일

6 〈임진장초〉 만력 20년 4월 30일, 미시 계본

7 〈난중일기〉 1592년 4월 15일

2부

1 〈난중일기〉 음력 5월 27일

2 〈임진장초〉 6월 14일, 계본

3 〈난중일기〉 음력 7월 8일

4 〈임진장초〉 만력 20년 7월 15일, 계본

5 속군서류종(續群書類從), 권제(卷第) 593 상(上)/협판기(脇坂記) 권상(卷上)

3부

1 〈임진장초〉 만력 20년 9월 17일, 계본

2 〈선조실록〉 권91

4부

1 〈난중일기〉 음력 8월 18일

2 〈난중일기〉 음력 9월 15일

책속의 책

1 PMBOK®Guide, 2013, Page 54

2 PMBOK®Guide, 2013, Page 61 요약함.

3 PMBOK®Guide, 2013, Page 51

4 PMBOK®Guide, 2013, Page 31

5 PMBOK®Guide, 2004, Page 13

6 PMBOK®Guide, 2013, Page 53 단순화함.

7 PMBOK®Guide, 2008, Page 45 응용함.

8 PMBOK®Guide, 2008, Page 47 응용함.

9 PMBOK®Guide, 2008, Page 56 응용함.

10 PMBOK®Guide, 2008, Page 60 응용함.

11 PMBOK®Guide, 2008, Page 65 응용함.

조선의 운명을 바꾼 이순신의 프로젝트 성공법칙,
이제 당신 차례입니다.

아이가 성장할 때 부모는 무엇을 읽어야 할까?

조일전쟁을 승리로 이끈 이순신의 사람들

이순신 파워인맥 33

제장명 지음 | 15,000원

'조일전쟁'을 승리로 이끈 이순신의 사람들 중에는 어떤 사람들이 있을까? 이 책에서는 이순신의 사람들 중 33명을 재조명하고 있다. 이순신의 최측근인 5명을 가장 먼저 소개하고 있는데, 이순신의 **핵심 지휘관**으로 정운, 권준, 어영담, 이순신(입부), 배흥립이 있다. 이순신과 함께 **전략/전술**을 함께 만든 유형, 송희립, 배경남을 소개하고 있다. 해전을 승리로 이끌기 위해서는 **전선 및 무기**를 담당한 사람들도 필요한데, 이런 역할을 한 사람이 나대용, 이언량, 정사준, 이봉수다.

한국 역사 인물을 통해 본 인문학 공부법

조선의 선비들, 인문학을 말하다

김봉규 지음 | 15,000원

인문학에 대한 관심이 그 어느 때보다 높아지고 있다. 주체적인 삶에 대한 열망이 갈수록 강해지고, 느림의 미학이 여전히 설득력을 얻고 있으며, 위로의 메시지가 사람들의 가슴을 적시고 있다. 물질적으로는 풍요하지만 정신적으로는 빈곤한 삶 속에서 느끼는 가치관의 혼란으로 인해 '어떻게 살 것인가?'를 고민하며 그 해답을 찾고자 하는 이들이 늘고 있다. 이 책은 한국 역사 인물을 통해 본 인문학 공부법으로 '어떻게 살 것인가'에 대한 답을 제시한다.

교사와 학부모를 위한 스토리텔링 교수법

스토리텔링 멘토링

조정래 지음 | 15,800원

교육계의 키워드로 **스토리텔링**이 뜨고 있다. 교육과학기술부에서는 수학 교육 선진화 방안으로 **스토리텔링 수학**을 강조한다. 이 책은 스토리텔링 교육법이 학생들의 상상력과 창의력 개발, 학생들의 자기 발견과 자기 혁신의 가장 실효성 높은 방안임을 설명하고, 스토리텔링의 교육적 활용을 위해 구체적이고 실제적인 지도 방법과 프로그램을 교사와 학부모, 청소년지도자들에게 제시하고 있다.

행복한 교실을 디자인하기 위한 '학급 경영 멘토링'의 모든 것

학급 경영 멘토링

김성효 지음 | 14,800원

이 책은 함께 하는 교육 공동체를 위해 고민하는 교사들을 위한 학급 경영 멘토링 역할을 하고 있다. 학급을 자신만의 스토리로 디자인하는 학급 경영 철학 세우기부터 스스로 정한 약속은 끝까지 지키는 자세를 길러주는 생활지도, 학급 구성원 모두가 함께하는 공동체 역량을 키워가는 즐거움을 제시하고 있다. 또한, 최고의 수업을 만드는 키워드, 학부모에게 다가서기 위한 전략 등 학급 경영과 관련된 모든 노하우를 친절하게 알려준다.